Kauderwelsch
Band 190

Impressum

Uta Goridis
Spanglish – das Spanisch der USA
erschienen im
REISE KNOW-HOW Verlag Peter Rump GmbH
Osnabrücker Str. 79, D-33649 Bielefeld
info@reise-know-how.de

1. Auflage 2005

Bearbeitung & Layout Elfi H. M. Gilissen
Layout-Konzept Günter Pawlak, FaktorZwo! Bielefeld
Umschlag Peter Rump (Titelfoto: Uta Goridis)
Kartografie Iain Macneish
Fotos Uta Goridis
Druck und Bindung Fuldaer Verlagsanstalt GmbH & Co. KG, Fulda

ISBN 3-89416-478-6
Printed in Germany

Dieses Buch ist erhältlich in jeder Buchhandlung der BRD, Österreichs, der Schweiz und der Benelux. Bitte informieren Sie Ihren Buchhändler über folgende Bezugsadressen:
BRD Prolit GmbH, Postfach 9, D-35461 Fernwald (Annerod) sowie alle Barsortimente
Schweiz AVA-buch 2000, Postfach 27, CH-8910 Affoltern
Österreich Mohr Morawa Buchvertrieb GmbH, Sulzengasse 2, A-1230 Wien
Belgien & Niederlande Willems Adventure, Postbus 403, NL-3140AK Maassluis
direkt Wer im Buchhandel kein Glück hat, bekommt unsere Bücher zuzüglich Porto- und Verpackungskosten auch direkt beim Verlag oder über unseren Internet-Shop:
www.reise-know-how.de
Zu diesem Buch ist ein **Tonträger** erhältlich, ebenfalls in jeder Buchhandlung der BRD, Österreichs, der Schweiz und der Benelux.
Der Verlag möchte die **Reihe Kauderwelsch** weiter ausbauen und **sucht Autoren!**
Mehr Informationen finden Sie auf unserer Internetseite
www.reise-know-how.de/buecher/special/schreiblust-inhalt.html

Kauderwelsch

Uta Goridis

Spanglish

das Spanisch der USA

Reise Know-How
im Internet
www.reise-know-how.de
info@reise-know-how.de

Aktuelle Reisetipps
und Neuigkeiten,
Ergänzungen nach
Redaktionsschluss,
Büchershop und
Sonderangebote
rund ums Reisen

Die
Reise Know-How Verlag
Peter Rump GmbH
ist Mitglied der
Verlagsgruppe Reise Know-How

Kauderwelsch-Slangführer sind anders!

Warum? Sie sind bestens mit der Landessprache vertraut und verstehen trotzdem nur die Hälfte, wenn Sie mit den Menschen vor Ort so richtig ins Gespräch kommen?

Gerade wenn Sie sich in der „Szene" bewegen oder Menschen in ihren ganz normalen Alltag antreffen, sie auf der Straße ansprechen, mit ihnen ein Bier in der Kneipe trinken, ist deren Sprachgebrauch Meilen entfernt von der offiziell verwendeten Hochsprache in den Medien und den Bildungsinstituten.

Man bedient sich der **lockeren Umgangssprache** und vieler **modischer Slangbegriffe,** die oft nicht einmal die gesamte Bevölkerung versteht, sondern nur bestimmte Altersschichten, eingeschworene Szenemitglieder oder Randgruppen.

Die meisten Slangausdrücke haben eine kurze Lebensdauer und finden nie den Weg in das Lexikon. **Slang ist vergänglich.** Aber es bringt die nötige Würze in das sonst zu dröge daherkommende, in der Hochsprache geführte Gespräch.

Die wahre Vielfalt einer Sprache liegt in diesem lebendigen Mischmasch von Hochsprache, Umgangssprache und Slang. In diesem bunten Mix spiegeln sich **Lebensart, Lebensgefühl** und **Lebensphilosophie** der Menschen vor Ort.

Da die Umgangssprache eher gesprochen als geschrieben wird und es für deren Schreibweise keine festen Regeln gibt, werden Sie immer wieder auf unterschiedliche Schreibweisen der Slangwörter stoßen, wenn Sie diese denn einmal geschrieben sehen.

Die AutorInnen werden Sie immer wieder zum Schmunzeln bringen und Ihnen gekonnt Mentalität und Lebensgefühl des jeweiligen Sprachraumes vermitteln. Es werden Wörter, Sätze und Ausdrücke des Alltags aus der Kneipe und dem Arbeitsleben, die Sprache der Szene und der Straße erklärt. Im Anhang sind diese in über 1000 Stichwörtern geordnet, damit Sie die täglich gehörten Begriffe und Wendungen finden können, die kaum in Wörterbüchern aufgeführt sind.

Inhalt

Anhang

Vorwort – Von Spanisch zu Spanglish

Warum überhaupt Spanglish, schließlich kommt man in den USA mit Englisch durch? Dieser Band ist für alle gedacht, die den in den Staaten entstandenen Anglo-Latino-Mix mögen, die seine Musik, seine Küche, sein Kino, seine Literatur und seine Malerei antörnt. Spanglish begegnet man auf Schritt und Tritt, auf der Straße, im Fernsehen und in der Werbung, wo die Unterschiede zwischen Anglos und Latinos den Stoff für Witze, Missverständnisse und Klischees, für Dramen und Komödien liefern.

Die Entwicklung von Spanglish ist die Geschichte der Vermischung zweier Kulturen, der angelsächsischen und lateinamerikanischen. Und als Pufferzone zwischen den beiden Amerikas spielt Mexiko eine besonders wichtige Rolle. Schließlich sind 67 % aller südamerikanischen Einwanderer Chicanos, wie die in den USA lebenden Mexikaner und ihre Nachfahren genannt werden.

Aber auch alle übrigen Latinos aus Puerto Rico, Kuba, Chile, Ecuador, Kolumbien, etc. waren mit einer übermächtigen amerikanischen Kultur konfrontiert, der sie sich auf Dauer nicht entziehen konnten. Sie konnten sich ihr anpassen, sie absorbieren, sich von ihr abgrenzen, aber sie konnten sie nicht ignorieren.

Im Ansatz vergleichbar mit Spanglish ist „Denglisch": eine Mischung aus Deutsch und Englisch. Sie hat Worte wie „Handy" hervorgebracht, eine vom Englischen inspirierte deutsche Eigenkreation für das Mobiltelefon, die man in dieser Bedeutung in keinem englischen oder amerikanischen Wörterbuch entdecken wird, ebensowenig wie man Nachos oder Burritos auf einer mexikanischen Speisekarte findet.

Spanglish lässt sich nicht erlernen, denn es gibt keine wirklichen Regeln, sondern nur Sprachgewohnheiten. Gängig gewordene Ausdrücke lassen sich zwar sammeln, doch die Ausbeute hängt ganz davon ab, wo und wann wer was sammelt. Das „Wo" bezieht sich auf den Ort, die Gegend, den Bundesstaat, in dem die Sprecher zu finden sind; das „Wann", auf die bereits in den Staaten verbrachte Zeit der Sprecher, die der ersten, zweiten, dritten Generation angehören können. Das „Wer" auf den Sammler und seine Kriterien; das „Was" auf das Sprachmaterial.

In den 60er und 70er Jahren besannen sich die Latinos auf ihre Identität. Sie mussten sich selbst entdecken in einem Land, in dem sie weder Spanier, noch Mexikaner, noch Angloamerikaner, noch Indios waren. Sie fühlten sich unterdrückt, diskriminiert und wollten der amerikanischen „Leitkultur" etwas Eigenes entgegensetzen. Aber ihre Traditionen waren nicht mehr dieselben, sie hatten sich in den USA bereits ganz anders eingefärbt. Sollte man auf einer illusorischen „Reinheit" bestehen oder einfach diesen neuen Mix akzeptieren?

In der Musik ist dieser Mix jedenfalls sehr erfolgreich gewesen, und auch in der Kunst und Literatur haben sich die Latinos so profiliert, dass inzwischen an beinahe allen amerikanischen Universitäten „Chicano Studies" gelehrt werden. Immer noch problematisch ist aber der als Spanglish bekannt gewordene Sprachmix. Auch wenn er von Millionen Latinos gesprochen wird, und im Untertitel des Spanglish-Wörterbuchs von Ilan Stavans von einer neuen amerikanischen Sprache („The making of a new American language") die Rede ist, so ist Spanglish immer noch eine krause, wenn auch sehr kreative Sprachwolle.

Wenn wir bei den Chicanos als der repräsentativsten lateinamerikanischen Bevölkerungsgruppe bleiben, so verlief die Entwicklung ihrer Sprache in verschiedenen Phasen: Das Katalanische der spanischen

Eroberer vermischte sich mit den Indio-Sprachen und entwickelte sich eigenständig weiter. Das Ergebnis war ein mexikanisches Spanisch. In den USA entwickelte sich daraus das Chicano Spanisch oder Español Chicano, das inzwischen immer mehr zum Chicano Englisch oder Spanglish mutiert.

Die im Buch vorgestellten Ausdrücke sind eher Umgangssprache als Slang.

In Zeiten der Globalisierung finden überall solche Vermischungsprozesse statt, und Spanglish und seine Varianten sind einfach nur symptomatisch für diese neue babylonische Sprachverwirrung. Aber nicht nur die mit beiden Sprachen jonglierenden Sprecher müssen kreativ und flexibel sein, auch die Zuhörer sind gefordert. Man wird feststellen, dass der Einfluss des Englischen in den einzelnen Bereichen unterschiedlich stark ist, am stärksten ist er jedoch dort, wo öffentlicher und privater Bereich sich überschneiden, denn dann sind die Chicanos gezwungen, sich den amerikanischen Sitten und Gebräuchen anzupassen. Bei Tisch und im Bett sieht das schon anders aus, aber selbst da lässt sich der wachsende Einfluss des Englischen erkennen.

Auf jeden Fall, nicht abschalten, liebe Latino-Fans, hinhören und Gehirnzellen mobilisieren. **It's culísimo*, supercool*,** denn schließlich absorbiert man mit einer „Sprache" auch immer die Kultur.

Und **welcome in colorful tacolandia,** willkommen im bunten Tacoland!

Ihre Uta Goridis

Hinweise zu diesem Buch

Richtig intim wird's, wenn von den Machos und Marias und der Liebe die Rede ist. Das Vokabular ist je nachdem familiär bis ordinär und nicht mehr salonfähig. Man sollte es sich jedenfalls genau überlegen, ob man einen Macho wirklich eine Queen nennen will.

Damit Sie sich nicht gleich überfordert fühlen, werden in diesem Sprachführer die geläufigsten Ausdrücke vorgestellt, die sowohl dem Chicano-Spanischen, Englischen und dem Mix aus beiden Sprachen entstammen können. Optimal wäre natürlich, wenn Sie beide Sprachen beherrschen, die Spanglish ausmachen. Denn nur wer die Zutaten für diesen kreativen Sprachcocktail kennt, kann auch den Aha-Effekt haben. Aber wenn man mit einem spanischen und englischen Grundwortschatz und mit ein paar Grammatikkennntnissen aufwarten kann, dann reicht das auch.

Um die Grenzen zwischen Spanglish, Chicano-Spanisch und Englisch leichter zu erkennen, sind in diesem Buch die einzelnen Bestandteile gekennzeichnet:

Sind zusätzlich wörtliche Übersetzungen angegeben, gelten diese nur für das Chicano-Spanglish, nicht für die spanische Entsprechung.

Spanglish:	**Es un scuadro*.**
Spanisch:	Es un hortero.
Deutsch:	Er ist ein Spießer (*square).

Der mit * gekennzeichnete Begriff ist englischen Urpsrungs und sofern er nicht geschrieben wird wie im Englischen, finden sie in der deutschen Übersetzung das englische Wort in Klammern hinter der deutschen Entsprechung dieses Begriffes. Ist ein ganzer Satzteil Englisch, ist dieser unterstrichen.

So spricht man's

Da Latinos oder Hispanos aus ganz unterschiedlichen mittel- und südamerikanischen Ländern kommen, variiert ihre Aussprache entsprechend. Eine Rolle spielt auch, ob die Familie des Sprechers bereits seit mehreren Generationen in den USA lebt und er selbst zweisprachig ist. Das allgegenwärtige Fernsehen hat jedoch allgemein verbindliche Maßstäbe geschaffen, so dass Abweichungen und Eigenheiten sich auf die Umgangssprache und die individuellen Sprecher beschränken.

Selbstlaute (Vokale)

Die in der Regel halblang ausgesprochenen Selbstlaute „a, e, i, o, u" entsprechen dem Standardspanischen, zwischen offenen und geschlossenen Selbstlauten besteht kein wesentlicher Unterschied.

Verbinden sich „a, e, o" miteinander, behalten diese Laute jeweils ihre Aussprache und verschmelzen nicht zu einem Laut:

ae	wie in „Maestro"
ao	wie in „Maori"
ea	wie in „beachten"
eo	wie in „Beo"
oa	wie in „Oase"
oe	wie in „Poet"

traela duro *'n Steifen haben*
lao *Seite*
ea *sie*
teoricar *sprechen*
toalla *Handtuch*
poeta *Dichter*

Das „i“ und „u“ schwächen sich bei einer Verbindung mit „a, e, o“ zu einem „j“ ab und bilden eine Silbe. Sie können entweder vorangehen oder folgen:

„i“ und „u“ gehen voran

caldiado *stinksauer*	**ia**	wie „ja“; nicht „siamesisch“
hierba *Gras*	**ie**	wie „jetzt“; nicht „Bier“ oder „jeder“
barrio *Barrio*	**io**	wie „Jogurt“; nicht „Bio“
celiula* *Handy*	**iu**	wie „just“; nicht „Pius“
scuadro* *Spießer*	**ua**	wie „Wache“; nicht „dual“
amueblado *möbliert*	**ue**	wie „werfen“; nicht „Uefa“ oder „Weg“
doguito* *Hündchen*	**ui**	wie „wir“; nicht „Ruine“
quora* *25-Cent-Münze*	**uo**	wie „Woche“

„i“ und „u“ folgen

nai* *nett*	**ai**	wie in „Hai“
un seis *Sixpack*	**ei**	wie in „geimpft“
cauboi* *Cowboy*	**oi**	wie in „heute“
dauntaun* *Downtown*	**au**	wie in „aua!“
euro *Euro*	**eu**	wie in „beunruhigt“

Mitlaute (Konsonanten)

Besonderheiten: Im Gegensatz zum Spanischen wird das „z“ oder „c“ vor „e/i“ nicht wie das englische „th“, sondern wie das deutsche „ss“ ausgesprochen. Diese Besonderheit hat auch einen Namen: **Seseo.** Hier sind die erklärungsbedürftigen Laute:

b/v	1) am Wortanfang und nach „m/n“ wie „b“ in „Bier“; 2) zwischen Selbstlauten wie „w“ in „Wasser“	***bato/vato*** *Kumpel (beide Schreibweisen möglich)*
c	1) vor „e/i“ wie „ss“ in „Muss“; 2) vor „a/o/u“ und Mitlauten wie „k“ in „Kasten“	***grocerías*** Lebensmittel* ***califa*** *Kalifornier*
cc	wie „ks“ in „Keks“	***afeccionado*** zärtlich*
ch	1) wie „tsch“ in „Matsch“; 2) wie „sch“ in „Schule“ in aus dem Englischen übernommenen Wörtern	***spich*** Rede* ***church*** Kirche*
g	1) vor „e/i“ wie „ch“ in „Bach“; 2) vor „a/o/u“ und Mitlauten wie „g“ in „Gans“	***cogedera*** *Orgie* ***gato*** *Angsthase*
gu	1) vor „e/i“ wie „g“ in „Gans“, das „u“ wird nicht gesprochen; 2) vor „a“ auch wie „g“ in „Gans“, aber das „u“ wird gesprochen	***yoguear*** joggen* ***agua*** *Achtung!*
gü	wie „gu“ in „Gummi“	***güerito*** *Blondchen*
h	wird nicht gesprochen	***hijito*** *Söhnchen*
j	wie „ch“ in „Bach“	***jefe*** *Chef*
ll	wie „j“ in „Junge“	***pollero*** *Schlepper*
n	vor „b/v/p/m“ wie „m“ in „Mutter“	***sinvergüenza*** *schamlos*
ñ	nasaliert wie in „Anja“	***califeño*** *Kalifornier*
qu	vor „e/i“ wie „k“ in „Kuchen“	***vaquero*** *Rinderhirt*
r	einfaches Zungenspitzen-r, wird nur am Wortanfang gerollt	***la Raza*** *Hispanos (alle)*
rr	gerolltes Zungenspitzen-r	***charro*** *Reiter*
s	1) stimmloses „ss“ wie in „muss“; 2) stimmhaftes „s“ vor stimmhaften Mitlauten wie „s“ in „Rose“	***slice*** Scheibe (Brot)* ***desde*** *seit*
x	1) wie „x“ in „Taxi“ in Fremdworten; 2) sonst wie „ch“ in „Bach“	***fixear*** reparieren* ***México*** *Mexiko*

***yesco** Kiffer*
***Y qué?** na und?*

***vergüenza** schüchtern*

y	1) vor Selbstlauten wie „j" in „Junge"; 2) alleinstehend oder am Wortende wie „i" in „Bier"
z	wie „ss" in „muss"

Abweichungen im Chicano-Spanischen

*In diesem Buch werden englische Wörter entweder nach den spanischen Ausspracheregeln geschrieben (**spich*** statt **speech***) oder die englische Schreibweise wird übernommen. Ihre Aussprache ist dem Sprecher überlassen. Die Jüngeren, die in den USA geboren wurden, sprechen beide Sprachen mehr oder weniger akzentfrei.*

Es gibt aber alle Varianten: Spanisch mit englischem Akzent, Englisch mit spanischem Akzent, sowie akzentfreies Englisch und Spanisch.

Der Kontrast zwischen einfachem und gerolltem „r" verschwindet, d. h. **caro** (teuer) und **carro** (Wagen) klingen beide wie „karo".

Häufig wird zwischen „tsch" und „sch" nicht unterschieden: „sheep" (cheap, billig) und nicht wie im englischen „Schaf". Weitere Beispiele: „shange" (change, Wechsel), „shurch" (church, Kirche) und „eash" (each, jedes). Auch das Wort für „Nacht" wird statt spanisch noche von den Chicanos „noshe" gesprochen.

Gelegentlich werden die englische Schreibweise und Aussprache unverändert übernommen: **couch***, **countdown***, **girl***.

Aus dem Englischen übernommen wurde auch der Laut „dsch" wie in: **jelly*** (Gelee), **gee whiz*** (Mensch Meier!).

Wenn sich durch die Ähnlichkeit des Spanischen und Englischen bedingt die englische Aussprache anbietet, wird „u" oft wie „ju" gesprochen, z. B. bei **que usaba,** gesprochen: „ke jussaba" (was er benutzte) oder **el uso,** gesprochen: „äll jusso" (Gebrauch), welche beide sofort an das englische (to) use erinnern.

So funktioniert Spanglish

Zwar wird auch Spanglish oder das, was Chicanos und andere Latinos sprechen, häufig als Slang bezeichnet, doch gibt es neben dem familiären Spanglish auch noch eine „Slang"-Variante, die **caló** heißt. **Caló** beschränkt sich aber nicht auf Gangs und Drogendealer, sondern wird von den meisten Barrio-Bewohnern verstanden, auch wenn die Älteren sich vielleicht davon distanzieren. Das Vokabular hat sich im Lauf der Jahre nicht grundsätzlich verändert. Wie Spanglish ist es mit englischen Ausdrücken durchsetzt, wobei das Mischungsverhältnis Spanisch/Englisch von Faktoren wie Alter, Zweisprachigkeit, Gesellschaftsschicht und spachlicher Kreativität des Sprechers abhängt. Je nachdem überwiegt Englisch oder Spanisch. Jedenfalls kann man einen Sprecher leicht einer bestimmten Generation zuordnen, wenn man die Entwicklung kennt:

Während 84 % der ersten Generation von Immigranten vor allem Spanisch sprachen (und sprechen), sind 84 % der dritten Generation vor allem englischsprachig.

Es ist die Wechselwirkung zwischen Sprache und Sprecher, die das Spanglish im Gegensatz zu einer „richtigen" Sprache ausmacht. Jeder Sprecher kann diesen Cocktail selbst mixen, und das auf der umgangssprachlichen wie auch auf der Slang-Ebene.

Code-switching

Typisch für Spanglish und **Caló:** Codeswitching, sprich der Mix von Englisch und Spanisch innerhalb eines Satzes. Das übernommene englische Wort wird entweder dem Spanischen angepasst, oder wird unverändert eingesetzt (häufig bei Immigranten der zweiten Generation). Regeln gibt es keine. Um von einem Sprachcode in den anderen zu wechseln zu können, muss der Sprecher beide Sprachen beherrschen.

Coge el change*!
¡Toma la vuelta!
Nimm das Wechselgeld!

Déjame expresar mis feelings*.
Déjame expresar mis sentimientos.
Lass mich meine Gefühle ausdrücken.

Dame un slice* de pan.
Damé una rebanada.
Gib mir eine Scheibe Brot.

Sind beim Codeswitching gleich ganze Satzteile original Englisch, sind diese im Buch zur schnelleren Erkennbarkeit unterstrichen worden.

<u>I don't know</u>* ni nada <u>about that stuff</u>*.
No sé nada de esas cosas.
Ich weiß nichts über diese Dinge.

El presidente dió un spich*.
El presidente pronunció un discurso.
Der Präsident hat eine Rede (*speech) gehalten.

Entfallen von Endungen

Endsilben oder Endmitlaute werden einfach weggelassen, die häufig auf einen Mitlaut endenden englischen Wörter enden dann auf einen Selbstlaut, was eher dem Spanischen entspricht:

bro*	statt (*brother)	*Bruder*
nai*	statt (*nice)	*nett*
mikimau*	statt (*Mickey Mouse)	*Mickey Mouse*
sema	statt semana	*Woche*
pa'	statt para	*für*
mi'jo	statt mi hijo	*mein Sohn*
cora	statt corazón	*Herz*
Don'tá el comedor?	statt dónde está	*wo ist das Restaurant*
fil*	statt (*field)	*Feld*

Verkleinerungsformen

Beinahe alles kann verkleinert werden, da wird auch vor englischen Wörtern nicht Halt gemacht:

hijito	Söhnchen
pobrecito	Ärmster
gringuita	kleine Gringa
güerito	Blondchen
hermanita	Schwesterchen
amiguita	kleine Freundin
diosito santo!	Gottchen!
solito	ganz allein
doguito*	Hündchen (*dog)

Wörtliche Übersetzungen

Calques sind wörtliche Übersetzungen englischer Ausdrücke. So ist **tener un buen tiempo** offensichtlich von „to have a good time" („haben eine gute Zeit" = eine gute Zeit haben) abgeleitet. Oder: **tienda de grocerías*** („Laden von Lebensmittel") vom englischen „grocery store" (Lebensmittelladen). Das Wort **atrás** (zurück) wird immer dann gebraucht, wenn im Englischen „back" steht:

Tengo que dar para atrás el libro a la biblioteca.
Tengo que devolver el libro a la biblioteca.
Ich muss das Buch zur Bibliothek zurückbringen.

Vinieron para atraz.
Volvieron.
Sie kamen zurück.

llamar atrás
devolver la llamada
zurückrufen

Möglichkeits- und Verlaufsformen

Die Möglichkeitsform (Konjunktiv) wird auch immer seltener gebraucht:

No creo que es necesario.
No creo que sea necesario.
Ich glaube nicht, dass das notwendig ist.

Außerdem werden englische Verlaufsformen übernommen. Statt des Spanischen te oigo

(„dich höre-ich") heißt es analog zu „I am hearing you" („ich bin hörend dich"):

Te estoy oyendo.
Te oigo.
Ich höre dich.

En los Unaited Esteits

Chicanos, Latinos oder Hispanos findet man überall in den **Unaited Esteits*** (*United States statt Estados Unidos in korrektem Spanisch). Während sich an der Ostküste Hispanos aus ganz Lateinamerika und der Karibik niedergelassen haben, sind entlang der mexikanischen Grenze und im Westen vor allem Chicanos anzutreffen. Jede größere amerikanische Stadt hat ihr Barrio (Viertel, in dem die Latinos leben), in dem **espanglés** oder Spanglish gesprochen wird.

Un nacional *ist ein aus Mexiko, nicht aus den USA, stammender Mexikaner.*

Hablas inglés, español o espanglés?
Sprichst du Englisch, Spanisch oder Spanglish?

Obwohl viele, die Spanglish reden, das nicht zugeben wollen.

Hablas un inglés mocho.
Du sprichst ein fürchterliches Englisch.

Zwei berühmte Barrios (es gibt unendlich viele andere): einmal das puertoricanische Barrio in New York, Upper Eastside von **The Big Manzana*** (*The Big Apple) oder **Nuyol*** (*New York), wie die in ihm lebenden Puertoricaner sagen. Die Puertoricaner dort nennt man: **puertorriqueño, portorriqueño, borincano, boricua** oder **borinqueño.**

Eres nativo/-a de Puerto Rico?
Kommst du aus Puerto Rico?

Nicht verwechseln: **Nyorquino** *oder* **Neorquino** *ist ein New Yorker aus New York, aber ein* **Nuyorriqueño** *oder* **Neorriqueño** *ist ein Puertoricaner aus New York.*

Auch im Osten: **Mallamibish!** *– Richtig das bedeutet „Miami Beach"!*

Nuyorican, Neorican, Nuyorriqueño oder **Nuevo Riqueño** sind hingegen die Festland-Puertoricaner.

Eres Neorican?
Bist du Puertoricaner?

Sí, vivo en el barrio puertorriqueño/portorriqueño de Nuyol.
Ja, aber ich lebe im puertoricanischen Viertel von New York.

No se comprende el lingo de las calles de Nyol.
Was auf den Straßen von New York gesprochen wird, versteht keiner.

Über eine Million Chicanos lebt in dem Barrio von **East L. A.,** kurz **Istlos.** Hier gibt es eine **Plaza de la Raza** (Park mit Kulturzentrum für Chicanos), eine **Mariachi Plaza** (ein

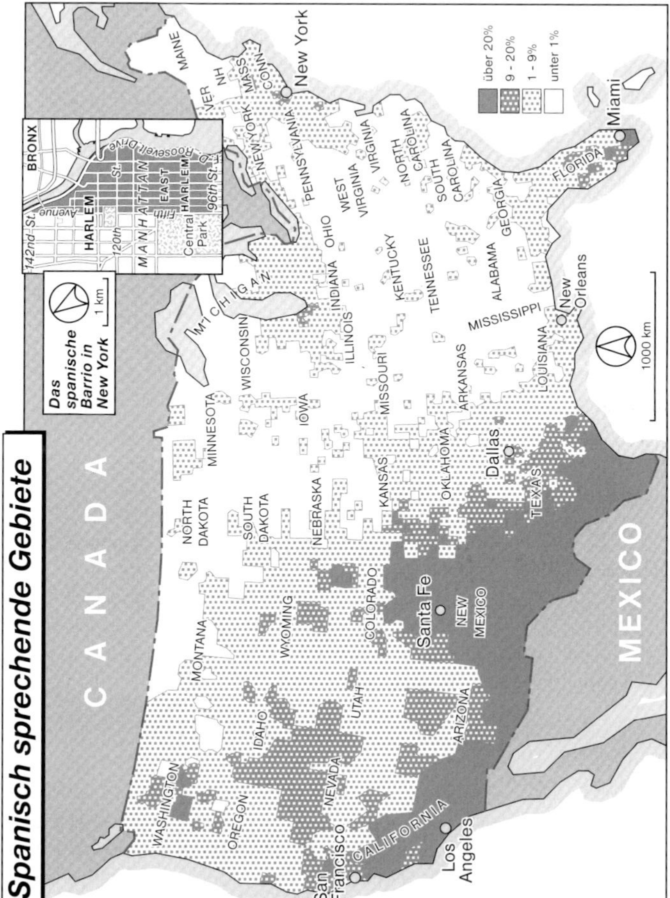
Spanisch sprechende Gebiete
Das spanische Barrio in New York
1 km
BRONX
HARLEM
EAST HARLEM
MANHATTAN
Central Park
142nd St.
120th St.
96th St.
Fifth Avenue
F. D. Roosevelt Drive
über 20%
9 - 20%
1 - 9%
unter 1%
1000 km
CANADA
MEXICO
WASHINGTON
OREGON
CALIFORNIA
IDAHO
NEVADA
MONTANA
WYOMING
UTAH
ARIZONA
COLORADO
NEW MEXICO
NORTH DAKOTA
SOUTH DAKOTA
NEBRASKA
KANSAS
OKLAHOMA
TEXAS
MINNESOTA
IOWA
MISSOURI
ARKANSAS
LOUISIANA
WISCONSIN
ILLINOIS
MICHIGAN
INDIANA
KENTUCKY
TENNESSEE
MISSISSIPPI
ALABAMA
OHIO
WEST VIRGINIA
VIRGINIA
NORTH CAROLINA
SOUTH CAROLINA
GEORGIA
FLORIDA
PENNSYLVANIA
NEW YORK
MAINE
VER
NH
MASS
CONN
San Francisco
Los Angeles
Santa Fe
Dallas
New Orleans
Miami
New York

Platz, auf dem sich die Mariachis treffen und darauf warten, angeheuert zu werden) sowie einen **Indoor Mercado** (eine Markthalle mit Restaurants).

Die Kalifornier mexikanischer Abstammung nennt man **califeño, califa** oder **californio** und die Bewohner von L. A. nennt man **Los Angelenos.**

__Los__ ist eine übliche Abkürzung der Chicanos für Los Angeles.

In **Califa** (Kalifornien) ist bereits eingetreten, was für das Jahr 2059 für die gesamten USA prognostiziert wurde: dass nämlich die Mehrheit nicht mehr „weiß" ist. Die Anglo-Herrschaft von 1848 bis heute war einfach nur ein Zwischenspiel. **Amigoization** lautet die ironische Bezeichnung für die Mexikanisierung des Südwestens.

Im New Yorker Barrio gibt es das einzige lateinamerikanische Museum: __El Museo Del Barrio,__ 1232 5th Avenue. 1996 wurden die Latinos zur zweitgrößten ethnischen Bevölkerungsgruppe in New York City noch vor den Afroamerikanern. In Los Angeles, Houston und San Antonio rangieren sie sogar noch vor der nicht-hispanischen weißen Bevölkerung.

Abgesehen von diesen beiden Barrios muss man natürlich auch **Nuevo México** oder **Nuevo Méjico** (Neumexiko) nennen, das dem **México viejo** (alten Mexiko) abgekauft wurde. Dort wird seit Ende des 17. Jh. „Spanglish" gesprochen, eine Spanisch-Variante, die von Rubén Cobos erforscht wurde: 2003 erschien sein erweitertes „Dictionary of New Mexico & Southern Colorado Spanish".

Aus Neumexiko kennt man Vokabular wie **charros** (folkloristisch aufgeputzte Reiter), **vaqueros** (Rinderhirt/Cowboy) und **buckaroos*** (amerikanische Version eines Vaqueros im typisch amerikanischen Outfit), allesamt Bezeichnungen für die mexikanischen Cowboys, die natürlich vor dem amerikanischen da waren. Die mexikanischen Rodeos heißen **charreadas** (Vorführungen der Charros bei Volksfesten).

Der Bundesstaat Texas kann sich damit rühmen, dass dort das größte **Texmex** oder **Tejano Conjunto Festival** in San Antonio stattfindet. Hier ist auch **Texmex** oder **Tejano Conjunto** entstanden, ein um die Jahrhundertwende entstandener Mix aus mexikanischen Rhythmen, spanischen Liedern, deutscher Polka, also aus allem, was die Einwanderer an Musik mitbrachten. **Conjunto** erfreut sich deshalb auch universeller Beliebtheit.

Schließlich muss man noch **Aztlán** nennen, denn das ist die mythische Heimat der Chicanos. Es ist aber auch eine Bezeichnung für den Südwesten der USA, wo sich viele bekannte **sanctuarios** (Wallfahrtsorte) befinden.

Grenzland

Hier geht es um alles was sich dieseits und jenseits der **Línea,** wie die Grenze zu den USA genannt wird, abspielt. Der **Rio Grande** – **Río Bravo** für die Mexikaner – ist die „natürliche“ Grenze zwischen den US-Bundesstaaten und Mexiko. An ihm liegen die Grenzstädte El Paso mit seiner Zwillingsstadt Ciudad Juárez wie auch Los dos Laredos, die beiden Laredos: Laredo und Nuevo Laredo, Brownsville und Matamoros.

Um diesen Fluss rankt sich folgendes Sprichwort: **El que no se arriesga, no cruza el río.** Wörtlich: Wer sich nicht auf das Wagnis einlässt, überquert den Fluss nicht. In diesem Fall bedeutet das: Wer den Río Grande nicht überquert, kommt auch nicht **al otro lado,** auf die andere Seite. Allgemein übersetzt also: „Wer wagt, gewinnt!"

*border

borderismos*	grenzspez. Ausdrücke
(narco-)traficante	Drogenschmuggler
contrabandista	Schmuggler
pollero	Schlepper (wörtl.: Geflügelhändler)
pollo	Illegaler (wörtl.: Huhn)
mojado	Schlepper (wörtl.: nass Gewordener)
coyote	Illegaler (wörtl.: Coyote)
canochi	Mexikaner, der südlich des Rio Grande lebt
fronterizos	Grenzbewohner
borderígenas	Grenzbewohner
la Migra	die Grenzpolizei
alambrista	Illegaler

un indocumentado
un „sin papeles“
Papierloser

Tiene que arreglar sus papeles.
Er muss deine Papiere in Ordnung bringen.

Maquiladoras sind amerikanische Firmen, die sich auf der mexikanischen Seite niedergelassen haben, um von den mexikanischen Niedriglöhnen zu profitieren.

Anglos y chicanos

Die Bezeichnungen Latinos und Hispanos werden häufig unterschiedslos gebraucht, auch wenn Latinos auf Lateinamerika und Hispanos auf Spanien verweist. Chicanos sind Amerikaner mexikanischer Abstammung, eine Bezeichnung jüngeren Datums, die immer auch den Stolz auf **la Raza** (Hispanos in ihrer Gesamtheit) beinhaltet und mit einer Identiätssuche einhergeht. Entsprechend ist **la Causa** die Sache, für die man kämpft und die alte Vorstellung von **mejorar la Raza** (verbessern der Rasse in Richtung blond) hat ausgedient!

Man unterscheidet jetzt einfach zwischen **tacolandia** (Land der Tacos) und **gringolan-**

dia (Land der Gringos). Zu Letzterem passen denn auch die Bezeichnungen für die „normalen, weißen“ Amis: **anglos*** steht für **anglosajones*** (Angelsachsen), die man auch **wasps*** nennt. Das ist eine Abkürzung für **White Anglosaxon Protestant*** (weißer, angelsächsischer Protestant).

Diese wiederum bezeichnen die Mexikaner, die bei der illegalen Überquerung des Rio Grande einen nassen Rücken bekommen haben, als **wetbacks*** (Nass-Rücken), was auf Spanisch mojados heißt. Von **wetbacks*** wurde dann **waspbacks*** oder **waspanos*** für die **anglos*** abgeleitet. Ein Chicano definiert sich selbst folgendermaßen:

Soy americano y mexicano y ninguno soy.
Ich bin Amerikaner und Mexikaner und weder noch.

Die Bezeichnung **gringo** soll angeblich aus der Zeit des Krieges mit Mexiko stammen, als die amerikanischen Soldaten mit ihren grünen Uniformen aufgefordert wurden: „Green go home!“ (grün geh heim). Wahrscheinlicher ist jedoch die Ableitung von **griego** (griechisch) in der Bedeutung von „böhmische Dörfer“: **Es griego para mí.** bedeutet „das sind böhmische Dörfer für mich“. **Gringo** ist eine Bezeichnung für alles – für Leute wie für Dinge – aus den USA und ist keineswegs abwertend gemeint. Typische Wortschöpfungen mit **gringo** sind:

Hay gríngolatros y gríngófobos.
Es gibt Gringofreunde und Gringofeinde.

Era una gringada.
Das war 'ne echt typische Gringo-Nummer.

Ea quería engringolar a los hijos.
Sie wollte die Kinder „gringolisieren" (zu echten Amis machen).

***ea** ist Chicano-Spanglish für das spanische* ella *(sie)*

Se ha vuelto muy agringado.
Er hat sich total (an die Amis) angepasst.

Daneben gibt es auch die auch bei uns geläufige Bezeichnung **yanqui*** für „Yankee" bzw. „Ami".

Estos yanquis* tienen cada cosa.
Diese Yankees* sind komisch drauf.

Häufig wird auch der Gegensatz **blanco** (Weißer) und **ñero** (Dunkler) betont. Dabei haben sie einige beleidigende Bezeichnungen für einander:

***nerlandés** hat mit keiner Nationalität zu tun, es handelt sich dabei einfach um einen der ständig meckert:*
No seas nerlandés!
„Sei kein Holländer!"

Anglos über Chicanos

beaner*	Bohnenfresser
spic*/spik*	mögliche Ableitung von (*hispanic)
greaser*	„Ölschmierer", bezieht sich auf die öligen Haare
wetback*	„nasser-Rücken" (s.o.)

Und um es mit deutlicher Verachtung zu sagen: **a motherfucker taco boy*** (ein gottverdammter Taco Boy).

Chicanos über Anglos

bolillo	teigig/weiß
toda la bolillada	das ganze Gringo-Pack
gabacho/-a, gaba	„Weißer“
redneck*	Prol
patas saladas	Unglückslatschen (wörtlich: Salzfüße)

Die Angepassten

Die an den amerikanischen **waioflaif*** („Way of Life") Angepassten nennt man:

un bolillo con cola prieta
weiß mit braunem Schwanz

coco
wie eine Kokosnuss: außen braun, innen weiß

Eres un vendido, un abocado.
Du bist gekauft, angepasst.

vendido *heißt zwar wörtlich „verkauft", aber übertragenend „gekauft", im Sinne von „einer, der seine Seele verkauft hat"*

Un tío taco ist der ewig grinsende Taco-Onkel, der's allen recht machen will.

El estereotipo del chicano es el pocho.
Das Klischee eines Chicano ist ein „gringolisierter", in den Staaten geborener Chicano.

Wörtlich bedeutet **pocho** „ausgebleicht" oder „blass". **Pochos** oder **chicanos** sind somit ein schwacher Abklatsch der „richtigen Mexikaner", also assimilierte Latinos.

Eine historische Person in der Kategorie der Angepassten ist **la Chingada** (die verdammte Verräterin). Gemeint ist damit **la Malinche** (1501-1550), die immer noch verhasste Maya-Indianerin, die der Stratege Cortés zuerst eroberte, damit sie ihm bei seiner Eroberung von Mexiko zur Seite stehen konnte.

malinchi *nennt man einen unpatriotischen Mexikaner*

Our barrio, our hood

Die Chicanos nennen ihr Barrio entweder **hud*/jut*** (*hood = Nachbarschaft) oder auch weniger liebevoll als **maldita vecindad** (verdammter Kiez)! Noch ein typisches Wort: **carrito** für Straßenbahn oder Tram. Hier sind **transportes públicos** (öffentliche Verkehrsmittel) rar, falls es überhaupt welche gibt:

Übrigens: ***Maldita vecindad*** *ist auch der Name einer Chicano-Punkgruppe.*

No hay boslain*.
No hay bus.
Es gibt keine Buslinie (*busline).

Me das un raite*/raid* a mi casa?
Can you give me a ride* home?
Statt: ¿Me llevas a casa?
Fährst du mich nach Hause?

Coge el boslain* número 10.
Nimm den Bus der Linie (*busline) Nr. 10.

En el dauntaun* no hay nada.
En el centro no hay nada.
Im Zentrum (*downtown) ist nichts los.

El saine* dice que el postofe está cerrada.**
El cartel dice que el correo está cerrado.
Dem Schild (*sign) zufolge ist die Post (**post office) geschlossen.

Hay una cantina?
¿Hay un bar?
Gibt es eine Kneipe?

Dónde cantonea?
¿Dónde vive?
Wo wohnt sie/er?

Si, a unos blokes* de aquí.
Ja, ein paar Straßenblocks (*blocks) weiter.

El bloque ist von dem englischen Wort block (Wohnblock) abgeleitet und ersetzt die in Mittelamerika gebräuchliche Bezeichnung cuadra.*

Ea cantonea en el barrio.
Vive en el barrio.
Sie lebt im Barrio.

Vive en First/Second/Third Street*.
Er lebt in der *1st/2nd/3rd Street.

Vive en un apartamento amueblado.
Vive en un piso/departamento.
Sie wohnt in einer möblierten Wohnung.

La culata so nennt man auf Spanglish den Hinterhof (auf Spanisch hingegen patio trasero), es sei denn:

Manda a los niños jugar a la yarda*!
Schick die Kinder zum Spielen in den Hof (*[back/front] yard)!

*Entsprechend kennt man auch den **yardsale***, sprich den in den USA üblichen Verkauf von ausgemisteten Dingen im Gebäudehof. Findet es hingegen auf der Autoauffahrt statt, kennt man es unter dem Namen **garage sale***.*

villita, finca, cantón, chante

Villita (kleine Villa), **finca** (Anwesen/Domizil), **cantón** (Quartier/Belegung) oder **chante*** (*shanty = Hütte) nennt man das spanische la casa (Haus und Heim) in den amerikanischen Barrios.

Pasa por mi cantón.
Pasa por mi casa.
Komm bei mir vorbei.

Está casa Pepe.
Está en casa de Pepe.
Er ist bei Pepe (zuhause).

fincar	ein Haus bauen
casa de apartamentos	Wohnhaus
ratonera	Rattenloch
chinchero	Dreckloch
en el ruffo* (*roof)	auf dem Dach
rentero* (*to rent)	Mieter (statt arrendador)
mural	Wandbild
muralista	Wandbildmaler

Kunst im Barrio: Beinahe in jedem Barrio findet man die riesigen bunten Wandbilder mit religiösen oder sozialen Themen.

Shopping

Hay un sale en el mall*.**
Hay rebajas en el comercial.
Im Einkaufszentrum* ist gerade Ausverkauf**.

ir shopping al mall***
ir de compras al comercial / a la galería
ins Einkaufszentrum* zum Shoppen** gehen

El chopinsen* vale madre.
El comercial no vale nada.
Das Shopping Center* ist beschissen.

Es chipe*.
Es barato.
Es ist billig (*cheap).

Ein Einkaufszentrum nennt man auch ***centro abarrotero*** *(Supermarkt für Lebensmittel).*

El comercial no me fió.
No me dieron crédito en el comercial.
In dem Lebensmittelladen bekam ich keinen Kredit.

Tengo que ir a la marketa* a comprar grocerías.**
Tengo que ir a la tienda a comprar comestibles.
Ich muss in den Laden (*[super]market), um Lebensmittel (**groceries) einzukaufen.

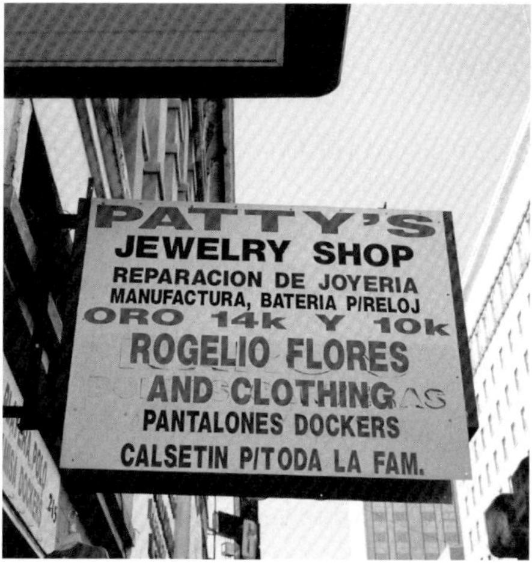

	enchalecar	klauen
*grocery store	**grocería*/grosería***	Lebensmittelladen
*groceries	**grocerías***	Lebensmittel (Mz.)
*[super]market	**marketa***	Laden
*butcher	**buchería***	Fleischer (statt carnicería)
*store	**estore***	Geschäft (statt tienda/almacén)
*shop	**cho***	Laden
	tiendita	Tante-Emma-Laden, wo man sich trifft
*boutique	**botica***	Drugstore, Laden
*building	**bildin***	Gebäude (statt edificio)
	hospi	Krankenhaus
*factory	**factoria***	Fabrik (statt fábrica)
*barracoon	**barracón***	Depot/Lagerhaus
*second hand shop	**segunda***	Second-Hand-Laden (statt baratillo)
*junkyard	**yonque***	Schrottplatz (statt chatarrería)

Die **bodega** gibt es auch in Spanien, doch dort bezeichnet es eine Weinhandlung oder Weinstube; im Spanglish ist es ein Lebensmittelladen! Die **washatería*** oder **washetería*** ist ein Waschsalon, ein Mix aus englisch *to wash und spanisch lavandería.

No tienen garra de segundo*?
¿No tienen ropa de segunda mano?
Haben sie keine Secondhand-Klamotten (*second)?

Gangas, drogas y la jura

Im Barrio wimmelt es nur so von **cholos,** den jungen, ruhelosen Burschen, die unter der Bezeichnung **Y.R.Ch.s = Young Restless*** **Cholos** laufen. Sie sind **brown-and-proud*** (braun-und-stolz) und auch sehr hip. Sie tragen Armeeklamotten und überdimensionale T-shirts, sprechen ihren eigenen Jargon, **ganga Spanglish*,** hören **gangsta rap*** und hinterlassen **las placas** (Graffiti).

43 % der Latino-Bevölkerung ist unter achtzehn!

Das Wort **cholo** hat viele Bedeutungen: Ursprünglich bezeichnete es ein Halbblut, einen **mestizo** („mexikanisierter" Indio). Später assoziierte man damit die Mitglieder von Straßengangs, **lowriders*** (Fahrer von tiefer gelegten Autos) und Zuhälter. Anglos und auch Chicanos benutzten das Wort **cholo** früher so abwertend wie die Bezeichnung **spic*** (abgeleitet von *speak (sprechen) oder *hispanic) für einen Mexikaner. Inzwischen identifizieren sich junge Chicanos damit.

Los jipis* (*hippies) waren ein Phänomen der Sechziger und Siebziger, das sich auf die Anglos beschränkte. Die Chicanos entdeckten in diesen Jahrzehnten ihre eigene Identität, **La Raza.** Geht es um **tineijer*** (*teenager) hört man diesen Kommentar:

Tiene la cara comida de espinillas.
Er ist völlig verpickelt.

Jeder **cholo** hat auch seine Clique:

Pertenece a la clica o una ganga*?**
¿Pertenece al grupo o a una cuadrilla?
Gehört er der Clique (**frz.!) oder einer Gang (*gang) an?

Das jugendliche Gangmitglied oder den toughen Typen nennt man **tirilón, tirilí** oder **titilongos;** wörtlich: „einer, der weit wirft". Ebenfalls toughe Typen sind die **vatos locos** (verrückte Kerle), die man früher **pachucos** (verrückte, tolle Typen) nannte. Schließlich gibt es auch noch den Ausdruck **un vato chingón** für „einen tollen Burschen".

pachucos *ist abgeleitet von* ***El Pachuco,*** *ein Slangwort für „El Paso"*

Quién está manejando la plaza?
¿Quién manda aquí?
Wer hat hier das Sagen?

Die ganze Palette für Marihuana

rocha*	Joint (*roach)
porro	Joint
hierba	Gras
grifa	mex. für „stoned"
mota	Piece, Teilchen
yesca	Feuer, Zunder
yesco	Kiffer
andar moto/-a	bekifft sein

Una rocha* *sollte man nicht verwechseln mit* ***una roche**** *(Kakerlake, *[cock]roach statt spanisch* cucaracha*).*

No aguanto las roches *kann beides heißen: „Ich kann Kakerlaken/ Joints nicht ausstehen".*

Dame un cartucho!
Gib mir eine Tüte (mit Joints)!

Estás engrifado? Se acabó la grifa.
Bist du bekifft? Das Gras ist aufgeraucht.

Mehr zum Thema harte Drogen

rocka	Crack; Droge allg.	***roca*** = *Kristall*
pinga	Pille = Upper, Downer	
pingo	Pillenfresser	
coca	Kokain (statt cocaína)	
ácido*	Amphetamin, Speed	**acid*
dila*	Dealer (statt traficante)	**dealer*
dilear*/diliar*	dealen (statt traficar)	**to deal*

El dila* es derecho.
El camello es derecho.
Der Dealer* ist in Ordnung.

Venden carga en la esquina.
An der Ecke wird Heroin verkauft.

Heroin (auf Spanisch korrekt heroína) umschreibt man im Chicano-Spanglish mit **carga** (Ladung), **caballo** (Pferd), **chiva** (Ziege), **la madre** (Mutter) und **cura** (Kur). Entsprechend nennt man die Aktivität des Heroinspritzens **curear.**

Das Fixen nennt man ***piquetearse*** *statt inyectarse im Spanischen.*

Dann ist man **prendido/-a** oder **adicto*** (drogenabhängig, *addict), was sich im Spanischen toxicómano oder colgado nennt.

Ein Heroinabhängiger ist ***un tecato,*** *wörtlich: Box.*

Es adicto* al caballo.
Es heroinómano.
Er ist heroinabhängig (*addicted).

La metadona está cabróna.
Metadon ist beschissen!

Wer aufhören will, spricht entsprechend des Englischen von *to quit von **quitear*/quitiar*** statt des Spanischen deshabituar. Und wer gerade einen Entzug macht, ist beim **kikear*/quiquear*** nach dem englischen *to kick [the habit]) statt spanischen desintoxicar.

Qué pasa con la Raza?
Was ist los mit den Hispanos?

Viele Chicanos verlassen das Barrio, ziehen in die Vororte und heiraten Anglos. Manchmal vergessen sie sogar ihr Spanisch. Keiner will ein Verlierer, ein **perdedor,** sein, sondern sich im amerikanischen Mainstream eingliedern.

Mis jefitos no liquean el barrio.**
A mis padres no les gusta el barrio.
Meine Alten mögen (**to like) das Barrio nicht.

Viven afueras, sprich „sie leben draußen", klingt besser als **viven en los suburbios*,** da **suburbios*** häufig mit Slums assoziiert werden. Neutral hingegen ist **suburbial*** (*suburbian), der Vorstadtbewohner.

Die Polizei

Die Bullen spielen eine große Rolle im Barrio. Sie haben viele Namen, viele stammen aus dem Tierreich: **la placa** (Plakette), **la chota** (Spitzel), **la jura** (Eid), **chucho** (schlauer Hund), **perro** (Hund), **cuico** (indianisch: Vogel), **marrano** (Schwein) oder **gorrones** (Spatzen). Ganz speziell gibt es dann auch noch **un narco** (Drogenfahnder; auch: Detektiv).

Der Gesuchte ist oftmals ein ***robichi*** *(*to rob mit Verniedlichungsendung), sprich ein kleiner Gauner oder Dieb.*

Siempre hay trobol*.
Siempre hay problema.
Es gibt immer Ärger (*trouble).

Los gorrones fueron cabrones.
Die Bullen waren beschissen.

La chota me dió un ticket*.
La poli me puso una multa.
Die Bullen haben mir einen Strafzettel (*ticket) verpasst.

llevar a la pinta
in den Knast stecken

ir al rancho
in den Knast (auf die Ranch) kommen

El barrio virtual

Im virtuellen Kiez wird Cyper-Spanglish gesprochen, da die meisten Begriffe auch im Spanischen vom Englischen übernommen wurden, unterscheidet sich das Spanglish hier kaum vom Spanischen:

**computer*	**computadora***	Computer/Rechner (statt ordenador)
**laptop*	**laptop(a)***	Laptop (span. auch ordenador portátil)
**web*	**web*/Web***	Web (span. auch red, telaraña, Malla Mundial)
**website*	**websait***	Website (statt sitio)
**web*	**webón***	eifriger Webnutzer
**web [sufer]*	**webear***	im Web surfen (statt navegar)
**cyber*	**cibervato***	Chicano im Netz (statt ciberadicto)

Look* en la Web!**
¡Mira en la red!
Schau (*to look) im Netz** nach!

*ein **webazo*** ist sowas wie eine Hammermail (statt im Spanischen mensaje doloroso por la web)*

Mándame un e-mail*/emilio*.
Mándame un correo electrónico.
Schick eine E-Mail*!

Click* el mous(e)* aquí.
Aprieta el ratón aquí.
Click* hier mit der Maus*.

e-mailiar*/imailiar*	mailen (statt mandar un correo electrónico)	*to email
jaker*	Hacker	*hacker
downlodear*	herunterladen	*to download
bácop*/bacup*/ bakaupeo*	Backup (statt backup)	*back-up
bakupear*	Sicherungskopie machen	*to back-up
el ratón oder **mous(e)*/maus***	die Maus	*mouse
chat*/chatear*	chatten (statt charlar, chatear)	*to chat

Seguro que tiene bácop* of the program?**
¿Seguro que tiene un bacup del programa?
Hat er auch bestimmt eine Sicherungskopie (*back-up) von dem Programm**?

La familia

Die Familie ist immer noch eine sehr wichtige Instituition, denn sie bietet immer Schutz vor einer feindlichen Außenwelt. Wichtig ist auch die Frage:

Quién es tu familia?
Woher stammst du?

Die Hauptpersonen sind **los jefitos** (die Eltern, span. los padres). Das Familienoberhaupt ist **el jefe** (Chef, Vater; statt padre) bzw. in der Koseform **el jefito,** zumindest nach außen hin. Innerhalb der Familie regiert **la jefa** (Chefin, Mutter; statt madre) bzw. in der Koseform **la jefita.** Für die Kleinen sind sie jedoch noch keine Respektpersonen, sondern :

amá y apá	Mama und Papa
mamacita y papacito	Mami und Papi
mijito/mijo	mein Sohn (statt mi hijo)
hijita	mein Töchterchen (statt mi hija)
mija	meine Tochter (statt mi hija)

Viva enca de su apá.
Viva en casa de de su apá.
Er wohnt bei seinem Alten.

La jefa siempre adora a sus chulos hijos.
La madre siempre adora a sus preciosos hijos.
Die Chefin findet ihre Brut immer ganz toll.

chulo/-a *bedeutet „niedlich" und bezieht sich daher meist auf Kinder*

Geht es langsam in den Hafen der Ehe, beginnt es mit **enganchar***, nach dem Englischen *to engage (sich verloben, jemanden so weit kriegen) und der **enganche*** (*engagement, Verlobung). Wagen sie auch den letzten Schritt, nennt sich dieses „Häuslich werden" **encantonear** (heiraten), welches im Spanglish von **cantón** (Quartier/Belegung = Haus) abgeleitet wird.

Statt ***encantonear*** *sagt man im Spanischen* casar *nach* casa *= Haus.*

Ea se ranó.
Ella se casó.
Sie hat geheiratet.

Mi vieja und **mi ruca** (meine Alte) sind gar nicht so uncharmant wie es klingt, denn **vieja** (Alte) und **ruca** (Altes/Vertrautes) bedeuten auch ganz allgemein eine hübsche Frau. Eine wichtige Familieninstitution ist der **chiz familiar** (Familientratsch, auf Spanisch chisme):

bocón	Tratschmaul
matraca	Plaudertasche (statt una chismosa)
cosas ariscas	verdächtige Dinge

Ein typisches Thema wäre, ob sie „mit Familie", sprich schwanger ist: **Está con familia?**

pregneada stammt von *pregnant*

Tá esperando?
¿Espera un niño?
Ist sie schwanger?

Está pregneada*?
¿Está embarazada?
Ist sie schwanger?

Der Babysitter nennt sich ***nana*** *und das Babysitten:* ***babysit*.***

Tuvo un baby*.
Tuvo un niño.
Sie hat ein Baby* gekriegt.

Está cute*!
¡Qué mono!
Es ist niedlich! (*It's cute!)

Die weitere Verwandtschaft

**relatives*	**los relativos***	die Verwandtschaft (statt parientes)
**grandma*	**grema***	Großmutter (statt abuela)
**grandpa*	**grempa***	Großvater (statt abuelo)
	carnal/-a	Bruder, Schwester (statt hermano/-a)
	mi carnal mayor	mein älterer Bruder
	mi carnalito	mein kleiner Bruder
	coma/comadre	Schwiegermutter (statt suegra)
	compa/compadre	Schwiegervater (statt suegro)
	padrino/nino	Pate

Cuántas sistas* tienes?
Wie viele Schwestern (*sisters) hast du?

Darüber hinaus gibt es allerlei Ausdrücke für die Kleinen und Kurzen: **chico/-a** (Kleiner/Kleine), **chavo/-a** (Kleiner/Kleine), **chavalo/-a** (Bursche/Mädchen), **batito** (Kid, Verkleinerung von **bato** oder **vato,** was auch „Kumpel" bedeutet), **morro** (Rotznase) oder auch **huerco/-a** („Teufelchen").

Ausdrücke mit „madre"

Ausdrücke mit **madre** (Mutter) sind ebenso geläufig wie die Person allgegenwärtig ist.

masota/mamasota	Superweib
macita/mamacita	hübsches Ding
madrecita	hübsche Frau
A.T.M. (A Toda Madre)	Klasse!
está madre/padre	Das ist ja super!
a la madre	aufs Beste
no valer madre	nichts wert sein
ni madre	überhaupt nicht

Ein Sprichwort:
Que padre madre!
Der Apfel fällt nicht weit vom Baum. (wörtlich: wie Vater Mutter).

Él ni madre lo quiere saber.
Er will es überhaupt nicht wissen.

Zu der Mutter selbst sagt man meistens **mamá,** da **madre** zu steif ist und häufig in Verbindungen wie **tu puta madre** (deine verfickte Alte) und noch schlimmer **chinga tu madre** (fick deine Alte) auftaucht. Die Antwort auf Letzteres wäre: **La tuya!** (die deine)!

Es gibt über hundert verschiedene **chile**-Sorten, Cayenne ist eine davon. Andere sind **chiles jalapeños** (scharfe grüne Chilischoten) und **chile relleno** (gefüllte Paprika). Ein **chili** sind zu Chilipfeffer weiterverarbeitete **chiles** (Chilischoten).

Die Angloküche

Hay un broncha*/brunch* a las 11 a.m.**
Hay un almuerzo a las once.
Um elf Uhr vormittags (**11 a.m.) gibt es einen Brunch*.

Das Mittagessen nennt sich **lonche*** nach dem englischen *lunch und die dazu passende Aktivität nennt sich **lonchear***, frei nach dem englischen *to lunch.

Siempre está lonchando*. *folgt dem englischen Satzschema* *having his lunch.

Siempre está lonchando*.
Siempre está tomando lunch.
Er ist ständig beim Lunch*.

Durante el lonche* comen sanwiches*/ sangüeches*.
Über Mittag (*lunch) essen sie Sandwiches*.

Hazme un sangüichi* por favor!
Hazme una torta por favor.
Mach mir ein Sandwich*, bitte.

Dame una dona*!
Ein Doughnut/Donut bitte!

beicon*	Speck (statt tocino)
hamburguesa*	Hamburger
cachup*	Ketchup
chúingom*/ chiquete**	Kaugummi
esquite	Popcorn (statt rosetas/palomitas)

**bacon*

**chewing gum*

***frz. Kaugummi-Marke:* chiclette

Estos hodogs* están repugnosos.
Diese Hotdogs* sind widerlich.

A mí me gustan los pankeiks*.
A mí me gustan las tortitas.
Mir schmecken (Frühstücks-)Pfannkuchen (*pancakes).

Hotdogs werden auch wörtlich mit perros calientes *(heiße Hunde) übersetzt.*

Texmex-Frühstück

huevos fritos con jamón o tocino Spiegeleier mit Schinken oder Speck
huevos mexicanos Rühreier mit Tomaten, Zwiebeln, Chilis
huevos rancheros Spiegeleier auf Tortillas mit Salsa
breakfast* burritos Eier und Bohnen oder Speck in Tortillas eingerollt
migas Rühreier mit Tortillastreifen mit verschiedenen Toppings
papas rancheras Texmex-Version der amerikanischen hash browns (Bratkartoffeln)

Weitere Texmex-Spezialitäten

Eine ganz besondere Art der Soße sind ***moles;*** *das sind Chili-Soßen (häufig mit Schokolade). Berühmt ist die* ***guacamole,*** *die Avocadocreme.*

Caldos sind Bouillons, **sopas** die Suppen und **salsas** sind Soßen! Typische Suppen sind die **caldo de res** (Gemüsebrühe), **caldo de pollo** (Hühnerbrühe), **sopa de tortilla** (Tortillasuppe) und die **sopa de frijol** (Bohnensuppe).

Toma el menudo pa' la cruda.
Toma el menudo para la resaca.
Iss Kutteln gegen einen Kater.

Chile con carne *wird von nicht Spanisch-sprachigen meistens falsch als „Chili con carne“ bezeichnet.*

asado de puerco Schweinebraten
cabrito en salsa Zicklein in Soße
cazuelas (de pollo) Schmortopf (m. Huhn)
camarones al ajillo Knoblauchgarnelen
chile con carne Paprika mit Fleisch
empanada Pastete
enchiladas mit Käse oder Fleisch gefüllte Tortillas
steak* fajitas Steak* mit Bohnen (statt bistec fajitas)
tostadas Tortilla-Chips

Vom Essen inspirierte Redewendungen

Die etwas ausgefallenen Koseworte eines glücklichen Essers lauten: **Mi enchilada, mi quesadilla, mi jalapeño, mi fajita,** sprich „Meine Fleischtortilla, mein Käsepastetchen, meine scharfe Schote, mein Böhnchen“.

Manche Nahrungsmittel dienen zur Veranschaulichung menschlicher Körperteile. So wird der Penis folgendermaßen genannt: **chile** (Paprikaschote), **chile parado** (eine aufrecht stehende Paprika = Ständer), **chorizo** (Hartwurst), **camote** (Süßkartoffel) oder **tamal** (Maispastete).

Testales sind hingegen runde kleine Teigkugeln, aus denen Tortillas gemacht werden. Sie erinnern an das spanische Wort los testículos, die Eier: **huevos.** Man nennt sie auch **acuacetes** (Avocados; in Spanisch aguacates). **Un huevón** (einer mit dicken Eiern) ist ein Faulpelz, ein Tunichtgut; auf Spanisch perezoso. **Huevonar** bedeutet entsprechend „faulenzen/ herumtrödeln".

Entsprechend heißt es ***tener huevos*** *(Eier haben = Mut haben) und* ***dar huevos*** *(Eier geben = Mut machen) nach dem englischen* to have the balls.

Te da los huevos para tomar acción.
Das wird dich zur Tat schreiten lassen.

Wörtlich bedeutet **Puras papas!** „reine Kartoffeln"; übertragend jedoch „Quatsch!". Ähnlich wie im Deutschen verbindet man mit der **melona** einen „Wasserkopf" (Melone; in Spanisch melón). Ist jemand **enchilado,** ist er gerade wütend und das hat nichts mit der vorgestellten essbaren **enchilada** zu tun. Zum Schluss noch ein kulinarisches **refrán** (Sprichwort):

A gustos se rompen panzas.
Geschmäcker sind verschieden.
(wörtl.: bei Geschmäckern platzen Bäuche)

Fiestas

Chicanos sind **fiesteros** oder **pariseros,** d. h. sie feiern die Feste immer wie sie fallen; der Anlass kann offizieller oder privater Natur sein.

Nationale Feiertage

Mal ganz chronologisch: **Dieciseis de Septiembre** ist das Wochenende um den 16. September, an dem die Unabhängigkeit Mexikos gefeiert wird.

Der **Día de la Raza** (Tag der Rasse) ist am 12. Oktober, am Columbus Day. Gefeiert wird die Landung von Columbus auf den Bahamas (isla de Guananí) im Jahr 1492. Die Entdeckung Amerikas war auch gleichzeitig der Anfang der Raza, die aus der Verbindung von Spaniern und Indios entstand. Es ist ein sehr mexikanischer Feiertag.

Am 1. und 2. November, Allerseelen und Allerheiligen, trinkt man an diesem **Día de los Muertos** (Tag der Toten) auf die Verblichenen, wobei häufig die Fiesta als eine Art Totenwache auf dem Friedhof stattfindet.

Am ***Día de los Muertos*** *gibt es* ***pan de muertos*** *zu essen: das „Brot der Toten“, ein süßes Brot.*

Außerdem gibt es ***alfeñique,*** *aus Zuckerpaste geformte Totenschädel, Särge, etc.*

Por las almas perdidas!
Auf die verlorenen Seelen!

Als Nächstes kommt **Sangivin** oder **San Guibin:** ein ganz neuer, aus der Verballhornung von „Thanksgiving“ (amerikanisches Erntedankfest) entstandener Heiliger. Entsprechend nennt man den traditionellen Thanksgiving-Truthahn: **el pavo de San Guibin.**

Schließlich gibt es noch **crismas***: Weihnachten oder Weihnachtsabend (statt spanisch Navidad/La Nochebuena). So heißt es denn auch **Americrismas!*** für „Fröhliche Weihnachten!“ statt des spanischen ¡Feliz Navidad! Der Mann der Stunde ist der **Santiclos***: der Weihnachtsmann statt des spanischen papa Noel, der offensichtlich dem französischen „père Noël“ nachgebildet ist).

*Christmas

*A merry Christmas!

*Santa Claus

A mí me gusta atender las fiestas patrias.
Ich feiere gern bei offiziellen Anlässen mit.

Familienfeste

Japiverdei tu ju!*
Alles Gute zum Geburtstag! (nach dem englischen *happy birthday to you!)

(Im Spanischen heißt der Geburtstag cumpleaños.)

Es su birthday* y dió un baile.
Es ist sein Geburtstag* und er hat eine Party organisiert.

Un mariacho le cantó las mañitas.
Ein Mariachi sang Geburtstagslieder für sie/ihn.

Una quinciañera (von **quince** = 15) ist eine Fünfzehnjährige, die ihren Geburtstag feiert, was ein großes Event ist. Das nächste ist dann **El wedding***, die Hochzeit (statt des spanischen boda(s))!

Cuándo empieza la pachanga?
¿Cuándo empieza la fiesta?
Wann fängt die Party an?

Va 'ber un chancle.
Va haber un baile.
Es wird getanzt!

La pari* de Fela <u>is tomorrow</u>.**
Felas Party* ist morgen**.

Fiesta sin bebidas?!

Bebidas sind bei Parties immer alkoholisch. Bei den Chicanos heißt das im Grunde: kein Fest ohne Tequila. Ein kleiner Tequilaführer: Tequila wird aus Agaven hergestellt. Es gibt dabei vier Sorten: **Plata** wird zwei Monate nach der Herstellung in Flaschen abgefüllt; **oro** wird nicht abgelagert, Farbe und Geschmack werden künstlich verstärkt; **reposado** wird zwei Monate bis ein Jahr gelagert und schließlich der **añejo,** der mindestens ein Jahr in Eichenfässern gelagert wird.

Sehr gut und sehr teuer sind die Marken: ***El Tesoro de Don Felipe, Patron Añejo*** *sowie* ***Sauza Hornitos.***

Margaritas *sind Tequila-Cocktails!*

Bei den Flaschen mit einem Wurm handelt es sich um ***mezcal,*** *nicht um Tequila.*

An der Bar

Tomamos una chela?
Wollen wir ein Bier trinken gehen?

birria*/bironga	Bier (*beer)
unas birongas Tecate	ein paar Tecate-Biere (eine Biermarke)
una caja de ...	ein Kasten ...
un seis	ein Sixpack

Esta birria* está padre.
Dieses Bier ist in Ordnung.

Se flotó una.
Se tragó una cerveza.
Er hat ein Bier gezischt.

Tomas un glasso*?
¿Tomas un vaso?
Wie wär's mit einem Glas (*glass)?

Dame un blodimari*!
Gib mir eine Bloody Mary*!

Abgesehen von den Getränken hat man eventuell noch andere Wünsche in der Bar.

Im Spanischen werden ***los frajos*** *hingegen frajos pitillos genannt.*

Ese, compa, páseme un frajo.
Pásame un cigarro/pito.
Heh, Mann, gib mir mal ne Kippe.

Quién paga el bil*?
¿Quién paga la cuenta?
Wer bezahlt die Rechnung (*bill)?

Dónde está el común?
Wo ist das Klo?

Das spanische para (für, zu, umzu) wurde im Chicano-Spanischen zu ***pal*** *oder* ***pa'***.

Dónde está la llave pal el reservado?
Wo ist der Schlüssel zum Klo?

Sich betrinken

Quiero pistearme!
¡Quiero emborracharme!
Ich will mich besaufen!

Toma y toma tequila y no se pone pando.
Er kippt einen Tequila nach dem anderen runter und wird nicht besoffen.

Estuve bombo después de siete birongas.
Nach sieben Bieren war ich betrunken.

Watcha* **cómo está entosequeado!**
¡Mira cómo está entosequado!
Schau nur (*watch), wie der drüber ist!

Watcha* *ist ein ganz geläufiger Ausruf und entstand aus der Kombination von Englisch* *watch! *und Spanisch* *mira!*

Für das, was man im Spanischen borracho nennt und wir im Deutschen mit „besoffen, blau, voll, dicht ...“ betiteln, hat man im Spanglish die Wahl zwischen **pedo/-a** (Furz, heiße Luft), **completo/-a** (voll), **pando/-a** (verbogen), **pisto/-a** (wirr), **cuete** (einen Schuss haben), **bombo/-a** (aufgeblasen), **calambre** (Krampf, Art Filmriss) und **entosequeado/-a** („vergiftet“) etc. Man sagt z. B. **Está cuete.** = Er ist blau. Heftiger ist **andar hasta las cachas** (stockbesoffen sein; wörtl.: „bis zum Heft arbeiten“) oder „einen Filmriss haben“: **ponerse calambre.**

Die ewigen Biersäufer beschimpft man mit **un bironguero, un birrio** oder **cervero. Un waino*** hingegen ist ein Weinsäufer (*wino). Der **bobo** ist ein Besoffener oder Verrückter (wörtl.: Narr, Dummkopf) und **un pipa** ist schlicht ein Säufer (wörtl.: Weinfässchen).

Qué borrachal!
Was für'n Suffkopp!

Tiene que cuitear* **el pisto.**
Tiene que cesar de beber.
Er muss mit dem Saufen aufhören (*to quit).

Me banqueo* **a casa.**
Voy a casa.
Ich geh nach Hause (*to go back).

Un corbero *ist ein Schnorrer: Einer der, sich seine Drinks bezahlen lässt; wörtl.: den Korb füllen lässt!*

Cuidado, cuidado. <u>You better not drive!</u>*
Vorsicht, Vorsicht, du fährst besser nicht*!

Um die Häuser ziehen

Pintaron el barrio antenoche.
Sie haben gestern das Viertel unsicher (wörtl.: bunt) gemacht.

Qué onda?
Was geht hier ab? (wörtl.: welche Welle)

No está en la onda.
Es pochinche.
Er ist nicht „in".
(wörtl.: er ist nicht auf der Welle)

Im Spanischen sagt man statt ***atollar*** *(durchwaten) hingegen* arollar *(durchrollen).*

Me gusta atollar de noche por las cantinas.
Ich zieh nachts gern durch die Kneipen.

Vamos a cabaretear!
Klappern wir die Clubs ab!

rolar* **por el barrio**
eine Runde im Barrio machen (*to roll)

Im Spanischen nennt sich der Nachtschwärmer festero.

hacer la ronda	eine Runde drehen
janguiar*	herumhängen (*to hang out)
un tecolote	Nachtschwärmer (Eule)

Vamos al mono*?
¿Vamos al cine?
Gehen wir ins Kino (*monkey = Schau)?

Vamos a jugar pul*.
Spielen wir Pool*.

naitclub*	Nachtclub (*nightclub) (statt club/discoteca)
discopop	Diskobar
puticlub	Bordell, Bierkneipe (statt burdel)
afterauers*	Afterhours*
cancar/clancelear	tanzen, schwofen (statt bailar)
chanclazo	Schwof, gute Zeit
bailar al techno	zu Techno tanzen
roquenrol	Rock 'n' Roll
roquero	Rocker
tocar la lira	Gitarre spielen (statt tocar la guitarra)

Wörtlich bedeutet ***chanclazo:*** *Pantoffelgeklapper!*

Charranga *ist eine Band von kostümierten Straßenmusikern.*

Es un scuadro*.
Es un hortero.
Er ist ein Spießer (*square).

Armó tremendo chow*.
Armó bastante jaleo.
Er hat eine Riesenshow (*tremendous show) abgezogen.

Dónde se juntan (las frutas*)?
Wo sind die (Schwulen- *fruit) Treffs?

Am nächsten Morgen

Estoy crudo!
Ich hab einen Kater.

Im Spanischen sagt man la modorra *statt* **la cruda.**

curarse la cruda
einen nachgießen, damit der Alkoholpegel wieder angehoben wird und der Kater nicht so schlimm ist.
(wörtl.: den Katzenjammer kurieren)

deponer en la carpeta*
vomitar en la alfombra
auf dem Teppich (*carpet) abkotzen

Cuando anda crudo, no está muy gente.
Wenn er Katzenjammer hat, ist er nicht gerade nett.

Guëlcome y adió

Die alltäglichen Gespräche zeichnen sich nicht gerade durch Tiefgang aus, aber sie halten die Kommunikation aufrecht. Wie man wen begrüßt oder verabschiedet, hängt ganz von den Umständen und dem Grad der Vertrautheit ab.

Begrüßung

Wasá*?
¿Qué tal?
Was gibt's? (*What's up?)

Cómo te va?
¿Cómo te vas?
Wie geht's?

Cómo 'st's, vato?
¿Cómo estás, colega?
Wie läuft's so, Kumpel?

Güelcom* al rancho!
¡Bienvenido a casa!
Willkommen (*welcome) in meiner Hütte!

__Rancho__ ist nicht nur eine große Ranch, sondern auch eine Hütte, ein Schuppen etc. Im Spanischen bedeutet rancho *eine gemeinsame Mahlzeit oder Mannschaftsverpflegung, während eine „Ranch"* hacienda *genannt wird.*

Mi casa es tu casa!
¡Estas en tu casa!
Mein Haus ist dein Haus!

A drink?*
¿Una copita?
Ein Drink?*

Wie im Spanischen wird mit **novia** (Verlobte) häufig eine weibliche Begleitung vorgestellt, mit der man weder verlobt ist, noch sich verloben will: **mi amiguita/novia** (meine kleine Freundin / Verlobte).

Mucho gusto en conocerte!
Freut mich, dich kennen zu lernen.

Männer – Chicanos wie Spanier – versuchen manchmal mit einem ***Psst!*** *die Aufmerksamkeit der jungen Mädchen auf sich zu lenken.*

Siéntate. No tengas vergüenza!
Setz dich. Sei nicht schüchtern!

Quieres un cocktail*, dear?**
¿Quieres un cóctel, querida?
Möchtest du einen Cocktail*, meine Liebe**?

Salud! <u>I'm glad you're here.</u>*
¡Hola, me alegro verte!
Zum Wohl! Freut mich, dass du da bist.*

Qué has hecho de tu vida?
Was hast du alles angestellt? bzw.
Was hast du aus deinem Leben gemacht?

Quiero teoricar con él.
Quiero charlar/hablar con él.
Ich möchte mit ihm sprechen.

Verabschieden

	Adió! Baybay*!	Tschüss! *Bye-Bye! (statt ¡Adiós! ¡Chao!)
**to watch*	**Ay te watcho*!**	Bis später! (statt ¡Hasta luego!)
	Adió, linda!	Ciao, meine Hübsche!
**check*	**Hay te checo*/ chekio*!**	Bis später! (statt ¡Hasta otro rato!)

Espérate tantito!
¡Espérate un poquito!
Warte einen Augenblick!

Ya vuelvo!
¡Vuelvo ahora misma!
Bis gleich! (wörtl.: ich komm schon zurück)

Adiós, see you*!
¡Hasta luego, nos vemos!
Tschüss, wir sehen uns*!

No dejes de dar la vuelta!
¡No dejes de pasar por mi casa!
Vergiss nicht, vorbeizuschauen!

Nos vemos después!
¡Nos vemos más tarde!
Wir sehen uns später!

Te cuidas, bye-bye*!
¡Cuidate!
Pass auf dich auf! (*take care, bye-bye)

Qué tengas un buen día!
¡Qué lo pases bien!
Einen schönen Tag noch!
(nach dem englischen *Have a nice day!)

Porqué chompeas* a la ruca?
¿Porqué te burlas de esa?
Warum machst du die Frau lächerlich?

Der Spruch ***Hasta la vista, beibi*!*** *= „Bis bald, Baby*!“ ist seit Schwarzeneggers Film rund um den Globus bekannt. Ähnlich geläufig sind in den USA die Texmex-Songtexte, selbst asiatische Taxifahrer scheinen sie zu kennen.*

*chump: *Trottel*

Ein Schwätzchen

Ya sabes que ...
Du weißt ja, dass ...

Yo no he watchado* que ...
No me he dado cuenta de que ...
Mir ist nicht aufgefallen (*to watch), dass ...

**to bullshit*	**bulchitiar***	Unsinn erzählen
	chingadera	schlechter Deal, Gemeinheit (**chingar:** bescheißen)
	cantinflear/ cantinflade	quatschen, Quatsch (statt tontería)
	cotorrear	schwatzen (cotorro: Elster)
**a chance*	**una chanza***	eine Chance, ein übler Trick (statt oportunidad, riesgo)
**questions*	**cuestiones***	Fragen (statt preguntas)
**to cheat*	**chitiar**	lügen (statt mentir)

No chitiaste.
No mentiste.
Du hast nicht gelogen.

Y qué?
Na und?

Está borin*.
Es aburrido.
Er/sie/es ist langweilig (*boring).

Ea se cree muy machín.
(Ella) Se cree superior.
Sie hält sich für die Größte.

***Machín** bedeutet „Boss" und wird im Spanischen mit* jefe *wiedergegeben.*

<u>I don't know</u>* ni nada <u>about that</u>*.
No tengo ni idea.
Ich kenn mich überhaupt nicht aus damit.

Cuáles colchas?
¿Qué chorrada?
Was redest du da? (wörtl.: Federbett)

La fucking* realidad es que ...
La putada es que ...
Beschissen*, aber wahr ist, dass ...

una cosa <u>that turns me off</u>*
una cosa que me jode
eine Sache, die mich abtörnt

Givis*!	Was du nicht sagst! (statt ¡No me digas!)
De veras?	Tatsächlich?
Ándale!	Richtig! (statt ¡Anda!; wörtl.: zieh's durch)

**Gee whiz!*

Telefonieren

**to ring*	**ringear***	anrufen (statt llamar)
**to dial*	**dailar***	wählen/durchläuten (statt marcar)
	cola	Ferngespräch (Schwanz) (statt conferencia)
	ocupado	besetzt (statt comunicando)
	No está.	Er/sie ist nicht da.

Bueno!/Sí!/Díga!/Digame!
Ja, bitte!

Daila* a Los.
Llama a Los Angeles.
Ruf in L. A. an.

Su apelación es ...
Su apellido es ...
Ihr Name ist ...

Como se espelea*?
¿Como se deletrea?
Wie buchstabiert (*to spell) man das?

Oyé, cuelga el teléfono!
Hör zu, häng auf!

In Spanien nennt es sich hingegen immer móvil.

Siempre me llevo la celiula*.
Ich nehm immer das Handy (*cellular phone) mit.

Unterwegs sollte man immer **la celiula*** (*cellular phone), **el móvil*** (*mobile) oder **cell phone*** (*cell phone) dabei haben. Alles übliche Begriffe für „Handy" in den USA.

Culísimo! Suerte perra!

Stimmungen drücken sich auch im Vokabular aus. Und dieses Vokabular ist so umfangreich, dass man sich manchmal fragt, ob es tatsächlich so viele Gefühle wie Worte gibt. Wir beschränken uns hier auf die wichtigsten.

Super! Zum Glück!

Culísimo*!
¡Supergüay!
Supercool (*cool)!

Qué desaqüita!
¡Qué alivio!
Was für eine Erleichterung!

desagüitar
= aufmuntern (wörtl.: aus dem Wasser ziehen, statt spanisch animar*)*

Se encabronó para nada!
¡Se enfadó para nada!
Sie/Er hat sich umsonst aufgeregt!

encabronarse
= wörtl.: sich in einem Bock verwandeln

Suerte loca!
Wahnsinnsglück!

Gut drauf!

Me siento chicho.
Me siento muy bien.
Ich fühl mich großartig.

chicho
= überlegen/tough

Estoy de lado. (wörtl.: auf der (guten) Seite)
Estoy de maravilla.
Ich bin gut drauf.

Ganz nach dem englischen: my best side.

mi mejor lado
mi mejor aspecto
meine beste Seite / meine Stärke

De aquellos/ de aquellas! *(wörtl.: von denen) statt des spanischen ¡Bomba! für den Ausruf „Klasse!"*

Califas está de aquellas.
¡California está bomba!
Kalifornien ist klasse!

Está a todo dar! (wörtl.: um alles zu geben)
¡Lo pasamos bomba!
Es ist einfach super, wir haben eine tolle Zeit.

Schlecht drauf!

muleta *= Problem/Last*

Estoy de muleta.
Estoy desanimado.
Ich bin schlecht drauf.

Estás nojada por el plantón?
¿Estás enfadado por el retraso?
Ärgerst du dich wegen der Verspätung?

caldiado *ist von dem spanischen Verb* caldearse *„sich erhitzen" abgeleitet*

Estoy caldiado con el bos*.
Me enfadé con el jefe.
Ich bin stinksauer auf den Boss*.

feeling like a nacho*
sentirse agotado
sich völlig ausgelaugt (wie ein Nacho) fühlen

stres*	Stress (statt estrés)	**stress*
stresado*	gestresst (statt estresado)	**stressed*
cranque*	missmutig (statt de mal humor)	**cranky*

Schock! Kein Spaß! Pech!

Estoy choqueado*, chokeado*!
¡Estoy escandalizado!
Ich bin schockiert (*shocked)!

chokear = schockieren (*to shock)*

Está anonadado.
Está perplejo.
Er ist platt.

***anonadar** = erdrücken/vernichten*

los fonis = Comics (*funnies)*

No está foni*!
¡No me hace gracia!
Das ist nicht komisch! (*It's not funny!)

No es fon*!
¡No es broma!
Es ist kein Spaß! (*It's no fun!)

Una movida* chueca!
¡Una mala faena!
Ein übler Streich (*move)!

Es repuñoso.
Es repugnante.
Das ist lästig/irritierend.

Suerte perra!
Verdammtes Pech!
(wörtl.: Hundeschicksal)

Así es la vida!
So ist das eben! (wörtl.: so ist das Leben)

It was* el destino!
¡Era el destino!
Es war* Schicksal!

Con razon (no vino).
Kein Wunder (kam er nicht).
(wörtl.: mit Grund)

Wáchale! – Sori!

Höflichkeit kann nie schaden, die entsprechenden Formeln werden auch überall verstanden.

Aufgepasst!

von ahora *(jetzt)* + le *(es)*

Órale/Hórale!
¡Oye!
Aufgepasst!

Cuídate!
¡Cuidado!
Achtung!

Watcha*/Guatcha*/Wachale*/Wáchate*!
¡Atención!
Pass auf! (*Watch out/it!)

**dog + *Verkleinerung* -ito

Guatcha* el doguito!**
¡Atención, el perrito!
Achtung*, ein Miniköter**!

Agua/Águate! (wörtl.: Wasser)
¡Cuidado! ¡Peligro!
Achtung! Vorsicht!

Huevón, cacha*!
¡Atencion haragán!
Pass auf, Schlafmütze*!

cachar* = *fangen (statt* coger; *von *to catch)*

Höfliches und weniger Höfliches

Esquiyes mi, plis.*
¡Perdón!
Entschuldige mich, bitte. (*Excuse me, please.)

Ayen sori.*
Lo siento.
Es tut mir Leid. (*I am sorry.)

Sori!*
¡Perdona!
Sorry*, tut mir Leid!

Ni modo!
¡De ningún modo!
Nichts zu machen!

Qué gracias!
¡Muy obligado!
Ironisch: Na, vielen Dank!

Ay tú! (statt ¡Anda!)
Na, so was?! Hat man das gesehen?!
Entschuldige!

(Es)tá suave*, bato!
¡Tranquilo!
Es ist cool, Mann!

suave* *gibt es auch im Englischen, wo es u. a. die Bedeutung von *smooth hat: „Sachte!"*

*okay, alright

*Charley = Nobody

Con (su) permiso!	Sie gestatten!
Con ganas!	Aber gerne! (statt ¡Con mucho gusto!)
Okai/oqué, olrait!*	O.K., in Ordnung! (statt ¡Vale!)
Chale*!	Nichts da! (statt ¡Nada de eso!)
Quesí!	Und ob! (von que + si; statt ¡Claro que sí!)
Nacho!	Klar doch! (Wortspiel mit nada (nichts); statt ¡Entendido!)

Qué cosas! (wörtl.: was für Sachen)
¡No me digas!
Wie nett, prima!

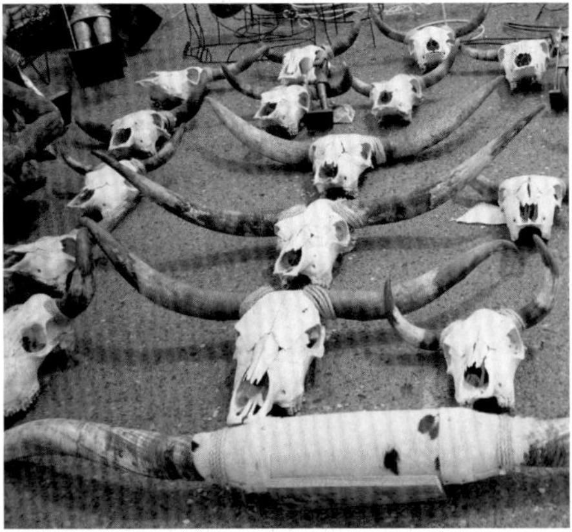

No me chingas, chango

Nicht salonfähig: **fregar, chingar, joder.** Mit diesen drei Wörtern kann man eine ganze, wenn auch nicht unbedingt gepflegte Konversation bestreiten. Was ihre Bedeutung betrifft, so sind sie mehr oder weniger austauschbar. Sie bezeichnen viele Tätigkeiten, z. B. vögeln, fertig machen, vermasseln, kaputt machen etc. Im Spanischen sind vor allem die Ausdrücke mit joder geläufig. Statt **No me chingues, chango!** würde man also im Spanischen ¡No me jodas, coño! sagen. Auf Deutsch: „Mach mich nicht an, Arschloch!"

Estamos chingados!
¡Estamos jodidos!
Wir sind am Arsch!

Acá la fregada/la chingada!
¡Que putada!
Das sieht gar nicht gut aus!

A la fregada/chingada!
¡La hostia!
Verdammt!

Huerco fregado!
¡Moco!
Verdammter Knirps!

fregador/-a = *Schwindler/ Opportunist*

Vete al la fregada/chingada!
¡Vete a la mierda!
Fahr zur Hölle!

darse fregazos *darse hostias* *sich prügeln*

Estoy fregado!
¡Estoy de una hostia perdida!
Ich bin verärgert!

Qué chingadas tienes?
¿Qué hostias te pasan?
Was zum Teufel ist mit dir los?

Qué chingadas quieres?
¿Qué coño quieres?
Was zum Teufel willst du eigentlich?

Me lleva la chingada!
¡Joder!
Verdammt!

A la jodida!
¡Joder!
Verdammt!

Vámonos a la chingada!
¡Larguémonos!
Lass uns so schnell wie möglich Leine ziehen!

Déjate de (tu) chingadera!
¡Déjate de chorradas!
Lass den Scheiß/Quatsch!

Qué chingaderas cargas!
¡Qué choradas cargas!
Was fürn Quatsch hast du vor?

Chinga chingada!
¡Puta mierda!
Verdammte Scheiße!

Hijo de la chingada madre!
¡Hijo de puta!
Verficktes Arschloch! Oder:

Hijo de tu chingada madre!
¡Tonto del culo!
Verficktes Arschloch!

Chingó la baica*!
¡Destrozó la bicicleta!
Er hat das Rad (*bike) zu Schrott gefahren!

Jodió la radio!
¡Rompió la radio!
Er hat das Radio kaputt gemacht.

Para acabarla de chingar.
Para recargar las tintas.
Um dem Ganzen noch einen draufzusetzen.

Te chingas/jodes que sí/no!
¡Te apuesto que sí/no!
Darauf kannst du Gift nehmen!

No viene más a tu casa? Te chingas que no!
¡No viene más a tu casa? Te juro que no!
Er kommt nicht mehr zu dir nach Hause?
Nein, darauf kannst du Gift nehmen!

chingón/ona
= *super/geil*
(statt supergüay*)*

creerse chingón/-a
= *sich ganz toll/ überlegen finden*

el mero chingón
= *der Boss persönlich (wörtl.: der Unvermischte)*

vieja chingada/ cabróna/jodida
= *verdammte, alte Kuh*

Babiches, coños y otros

Dieses Vokabular sollte man lieber passiv als aktiv beherrschen, denn sonst läuft man Gefahr, entweder unfreiwillig komisch zu wirken, weil gerade bei solchen Ausdrücken jede Nuance zählt, oder man kommt in die Bredouille, aus der man sich – verbal zumindest – kaum retten kann.

Verdammt!

von ***puta madre*** *(siehe S. 47)*

Uta!	Verdammt! Verflucht! (auch bewundernd)
Cabrón!	Verflucht! (wörtl.: Ziegenbock, Scheißkerl)
Hijo!	Verdammt! (wörtl.: Sohn, Abkürzung von **hijo de la chingada** oder **hijo de cabrón;** statt ¡Joder!)

Coño *(Fotze) ist so allgegenwärtig wie das englische „fuck", vor allem in Spanien. In Chile wird es sogar als Slangausdruck für „Spanier" gebraucht. Manchmal ist es auch nur Ausruf, der Ungeduld ausdrückt.*

Coño, tremendo embarque!
¡Coño, es un asunto que la trae de cabeza!
Verdammt, das hat sich gewaschen!
(wörtl.: verdammt, gewaltige Verschiffung)

Was für ein Scheiß!

Puta vida!
Scheißleben!
(wörtl.: Hure Leben)

Pinche Spain!
¡Pinche España!
Scheißspanien!

¡Puro pedo!
¡Mentiras!
Alles nur Lügen!

Qué gacho! (wörtl.: nach unten gebogen)
¡Qué lío!
Was für ein Schlamassel!

Vale cacahuate*!
¡No vale un comino!
Das ist nichts wert! (*It's peanuts!)

La papa!
Der reine Wahnsinn!
(von paparrucha: Quatsch)

Eher unfreundliche Aufforderungen

Andavete!
¡Vete a la mierda!
Los, hau ab! Verpiss dich!

aus andar + ir
= *gehen*

Ya chole!
¡Ya está bien!
Das reicht!

Águate!
¡Date prisa!
Bewegung!

Ya marchó!
¡Se acabó!
Das war's! (wörtl.: läuft schon)

Come here*, pronto!
¡Ven aquí, de prisa!
Komm her*, aber dalli!

Pélamela / pélame la verga!
¡Que te jodas!
Leck mich! (wörtl.: schäl mir die Rute)

Mistkerle

pinche *ist von „Fotze" abgeleitet und bedeutet „beschissen/abgefuckt"*

No seas tan pinche!
¡No seas tan cabrón!
Sei nicht so ein Arsch!

wörtl.: Sohn der Chingada (siehe S. 31)

Hijo de la chingada!
¡Hijo de puta!
Scheißkerl!

Es un apestado*!
¡Es un pesado!
Er ist eine Nervensäge (*pest)!

(*son of a bitch)

Sanababiche*!	Scheißtyp! (statt ¡Pinche cabrón!)
Condenado/-a!	Scheißkerl! (wörtl.: verurteilt)
Culón/-a!	Arschgeige! (culo = vulgär: Arsch)
Metiche!/ Metichi!	Nervensäge! (von meterse, sich einmischen)

cacahuete = *Erdnuss*

Es un cacachuate.
Es un cero.
Er ist eine Null.

Eine ganze Reihe an Beschimpfungen kann man mit **Eres ...** (du bist) beginnen:

un agüite	eine Nervensäge (statt pesado)
un babiche*/ sobiche*	ein Dreckskerl
un pendejo	ein Blödmann (wörtl.: Hänger)
muy chocho	ziemlich senil
un gato	ein Angsthase (statt cobarde/gallina)
una cuacha	ein Analphabet/Vollidiot (wörtl.: Hühnerscheiße)
comemierda	Arschloch (von **come mierda** = frisst Scheiße)

**bitch / son of bitch*

No te pongas tan comemierda!
¡No te pongas tan merdoso!
Sei nich so'n Arsch!

Alternativ kann man Sätze auch mit **Es un bato ...** (Der Typ ist ...) beginnen:

culebra	hinterfotzig (von Schlange; statt retorcido/-a)
chueco	hinterhältig (krumm; statt desconfiado)
escuadra*	spießig (rechteckig; statt hortero/-a)
gacho	übel (hängend; statt malo)
not nai*	nicht nett (statt poco simpático)

*square

*not nice

Idioten und doofe Typen

Es carne seco.
Er ist blöd in der Birne. (wörtl.: Dörrfleisch)

Pata de puerco!
Idiot! (wörtl.: Schweinefuss)

Es un baboso! (wörtl.: geifernd)
¡Es un chiflado!
Er ist ein bescheuerter Typ!

Son Ustedes un atajo de huevones!
¡Son Ustedes un atajo de holgazanes!
Ihr seid doch nur ein Haufen Faulpelze!

Trucha, este babiche* es tramposo.
Cuidado, este cabrón es tramposo.
Pass auf, das ist ein falscher Fuffziger (*son of a bitch). (wörtl.: „Forelle“, ...; im Sinn von „Achtung“, dieser Kerl ist falsch)

Camello, jale ...

Etablierte Chicanos beginnen auch in eine Collegeausbildung zu investieren, aber manchmal ist die Armee die einzige Möglichkeit, um das bewerkstellligen zu können. Der Slogan lautet:

Muévete! Aplómate!
¡Despierta!
Starte durch! Mach dich schlau!

aplomado/-a
= listillo = schlau

fultaim*	Vollzeitbeschäftigung (statt a tiempo completo)
partaim*	Teilzeitbeschäftigung (statt a tiempo parcial)
overtaim*	Überstunden (statt horas extraordinarias)
una quebrada*	eine Chance (statt una oportunidad)
el mero mero	der big Boss (statt el jefazo; wörtl.: der einzig Wahre)
la mera mera	die Chefin (vom Ganzen) (statt la jefaza)

** full time*
** part time*
**overtime*
**a break*

Sabes taipear*?
¿Sabes escribir a máquina?
Kannst du tippen (*to type)?

hacer una aplicación*
escribir una solicitud
eine Bewerbung (*application) schreiben

Ya le agarró sabor al trabajito.
Ya le tomó el gusto al trabajo.
Er hat sich mit seinem Job angefreundet.

Mi patrón/bos* es muy gente.
Mi patrón es muy amable.
Mein Chef (*boss) ist sehr nett.

Ein Satz wird häufig mit hay *(es gibt) angefangen und dann auf Englisch zu Ende geführt.*

Hay un friendly atmosphere*.
Hay un ambiente agradable.
Die Atmosphäre ist gut* dort.

Die Welt der Meetings

Das nennt sich auf Spanglish **The world of mitins***, wobei das letzte Wort natürlich von *meetings abgeleitet ist.

Ein zweisprachiger Geschäftsmann sagt auch:

Tengo una obligación de negocios en Tejas, pero espero que I'll be back for the meeting the week after.
Tengo que estar en Tejas para mis negocios, pero espero estar de vuelta para la reunion la semana que viene.
Ich hab eine geschäftliche Verpflichtung in Texas, aber ich hoffe, dass ich zu dem Meeting in der Woche darauf zurück bin.

Zum Abwimmeln:

Fué al mitin*.
Fué a la reunión.
Er hat eine Besprechung*.

Estoy <u>super bisi</u>*.
Estoy muy ocupado.
Ich bin sehr beschäftigt (*super busy).

Hay un dedlain*.
Hay una fecha tope.
Es gibt einen festen Termin (*deadline).

Tengo un appointment* en las cinco.
Tengo una cita a las cinco.
Ich hab um fünf einen Termin*.

Tiene que signear* mi check.**
Tengo que firmal el cheque.
Er muss meinen Scheck** unterschreiben (*sign).

Cómo te fue en la office* hoy, <u>my dear</u>?**
Wie war dein Tag im Büro*, mein Liebes**?

**office statt des spanischen* oficina

Tengo que tomar un break*.
Necesito una pausa.
Ich brauch eine Pause*.

Die Welt der kleinen Jobs

trabajito	Job (Verniedlichung von trabajo)
camello	Maloche (statt un curro)
camellar	malochen (statt curr(el)ar)
jale	Plackerei (statt el pringe)
jalar	schuften (statt pringar)
tallar	schuften (von batallar: kämpfen)
un talle	Job

camello/camellar
von camello = *Kamel*

jale/jalar
von jalar = *ziehen*

Voy al jale.
Voy al curro.
Ich geh malochen.

Manejó el talle bien.
Hizo bien su trabajo.
Er hat gut gearbeitet.

Es muy camella.
Trabaja como una bestia.
Sie schuftet wie ein Tier.

Adió, ellos no quieren camellar!
¡Trabajar, ni pensarlo!
Na die und arbeiten!

Cómo va el trinquete?
¿Cómo va el negocio?
Wie läuft das Geschäft?

Shaineando* no ganas mucha feria.
Limpando botas no se gana mucho.
Als Schuhputzer (*to shine shoes) machst du nicht viel Geld.

Trabajo como waiter* en un naitclub.**
Soy camarero en una discoteca.
Ich arbeite als Kellner* in einem Nachtclub**.

No tiene mucho negocio.
Das Geschäft läuft nicht.

Trabajo en la <u>travel agency</u>* del lobby de mi building***.**
Trabajo en la agencia de viajes del vestíbulo de mi edificio.
Ich arbeite in dem Reisebüro* in der Eingangshalle** meines Gebäudes***.

Hiciste mucho money*?
¿Ganaste mucho dinero?
Hast du viel Geld* gemacht?

Wenn gar nichts läuft, weil man arbeitslos ist oder sonstwie in der Misere ist:

Me recortaron.
Me despidieron.
Sie haben mich gefeuert.

estar de balde
estar de sobra
keinen Job haben

balde = *arbeitslos, nutzlos, überflüssig*

la chilla	finanzielle Misere (statt miseria)
welfér*	Stütze (statt asistencia pública)
bom*	Penner (statt mendigo)
talón	strebsam (span.: Schuhabsatz)

*welfare
*bum

Eine **talona** ist eine Frau, die das Pflaster mit ihren Absätzen abklappert, sprich eine

Prostituierte, die man im Spanischen una prostituta oder una golfa nennt. Entsprechend zweideutig ist **talonear,** was einerseits „schuften“ und andererseits „auf den Strich gehen“ bedeutet. Im Spanischen heißt es für Letzteres hingegen ejercer la prostitución.

Está malo el cuento.
La situación es fea.
Die Lage ist brenzlig. (wörtl.: die Geschichte sieht schlecht aus)

Voy a quitear* mañana!
Voy a suspender el trabajo mañana.
Ich hör (*to quit) morgen auf.

Im Spanischen sagt man statt ***job**** *korrekterweise* empleo.

No te preocupes, vas a encontrar otro job*.
Mach dir keinen Kopf, du wirst einen anderen Job* finden.

**postman*
**maid*

postero*	Postbote (statt cartero)
meid*	Hausangestellte (statt criada)
chófero	Chauffeur/Fahrer (statt chófer)

Quiere ponerse un bisnes*.
Quiere montar un negocio.
Er möchte sich ein Geschäft (*business) aufbauen.

Manchmal ist die Armee der einzige Ausweg:

Se fué al ormy*.
Entró en filas.
Er ging zum Militär (*army).

I can't stay* **en casa!**
¡No aguanto más en casa!
Ich halt's nicht mehr zu Hause aus!

Aquí hay estraique*.
Hay una huelga.
Hier wird gestreikt (*strike).

Por qué no me alivianas?
¿Por qué no me ayudas?
Warum greifst du mir nicht unter die Arme?

Mala educación ...

Für Latinons beträgt die Rate der **drop-outs*** (Schulabbrecher) 30 %, bei den Anglos sind es nur 7,7 %. Und in die öffentlichen Schulen der Innenstädte wird auch immer weniger investiert.

colegiante*	College-Student (statt estudiante)	**college student*
graduante*	höheres Semester (statt graduado)	**graduate*
clecha/clesha	Schule (statt escuela)	
ticha*	(Grundschul-)Lehrerin (statt maestro/-a)	**teacher*
profe	Prof(essor) (statt profesor)	

Mala educación ...

__Clecha__ ist vermutlich von iglesia (Kirche) abgeleitet, denn früher wurde der Unterricht in der Kirche abgehalten.

Quándo vienes de la clecha?
¿Quándo vuelves de la escuela?
Wann kommst du von der Schule?

Ea 'stá en el sexto grado*.
Ella está en la sexta.
Sie ist in der sechsten Klasse (*sixth grade).

**I flunked the exam.*

Flonqué el exam*.
Fracasé en el exámen.
Ich hab die Prüfung* nicht bestanden.

**to fail in a test*

No feileaste el test*?
¿No fuiste suspendido en la prueba?
Bist du bei dem Test nicht durchgerasselt?

No tenía clas*. No había clase.
Ich hatte keinen Unterricht (*class).

Quiero terminar mi bachelors*.
Quiero hacer el bachillerato.
Ich möchte mein Abitur (*bachelor) machen.

Yo estaba en que José ya se había graduado*.
Yo pensaba que José ya había aprobado la selectividad.
Ich dachte, José hätte schon sein Abitur gemacht (*graduated).

Te están brain-washing*.
Te dan un lavado de cerebro. Tel comen el coco.
Die verpassen dir eine Gehirnwäsche.

Accept it, bro*!
¡Tómalo, hermano! ¡Tragalo!
Akzeptier's, Bruder!

El profe está buti ardido.
El profe está muy enfadado.
Der Lehrer ist stinksauer.

Statt muy heißt es im Chicano-Spanish **but(i)** *für „sehr".*

La nada quotidiana

Zu den Sorgen des Alltags gehört das liebe Geld, für das es wie im Deutschen unendlich viele Bezeichnungen gibt.

Kohle, Zaster, Knete ...

Dass Zeit Geld ist, haben sich auch die Chicanos zu eigen gemacht:

Tiempo es money*!
¡El tiempo es oro!
Zeit ist Geld*!

Tiene feria?
¿Tiene lata?
Hat er Geld?

feria	wörtl.: „Markt(geld)" (statt lata)
ficha/bica	wörtl.: „Spielmarke/Jeton"
sin ficha	ohne Geld (statt sin dinero)
lana	wörtl.: „Wolle" (statt tela: Stoff)
estar quebrado	abgebrannt sein (statt estar en las últimas)

**cash*	**cash***	Bares (statt moneda)
	bola/dola	Dollar
	bolo	Dollar (in Spanien war ein bolo eine 5-Peseta-Münze)
	un torreón	halber Dollar, 50 Cent
**quarter*	**un cuala*/ cuara*/quora*/ una cuartilla***	25-Cent-Münze
	una peseta	25-Cent-Münze
	un cobre	Penny (wörtl.: „Messing“)
	un calo	Cent („Messingstück“)
**nickel*	**un nicle***	Fünf-Cent-Stück
**dime*	**un daim(e)**	Zehn-Cent-Stück
**cash and carry*	**cashancary***	Selbstbedienung (statt autoservicio)

***Ahora** wird von den Chicanos häufig im Sinne von hoy (heute) gebraucht.*

Ahora viene mi chequecito!
Heute kommt mein Scheck!

Tienes cambio de cinco bolas.
¿Tienes el cambio de cinco dolares?
Kannst du fünf Dollar wechseln?

Haushalt

Der Haushalt ist voller Anglo-Artikel, **Cositas como** (Sachen wie) ...

maicrogüey*	Mikrowelle (statt microondas)	*microwave*
vacunclíner*	Staubsauger (statt aspiradora)	*vacuum cleaner*
carpeta*	Teppich (statt moqueta)	*carpet*
cauch(o)*	Couch (statt sofá)	*couch*
frizer*	Kühlschrank (statt la nevera)	*freezer*
cinc*	Spüle (statt fregadera)	*sink*
trash*	Abfall (statt basura)	*trash*

Klamotten

Siempre anda a la línea.
Siempre está muy bien vestido.
Er/sie immer tadellos gekleidet. (wörtl.: er/sie geht immer nach der Linie gekleidet)

Andan muy jalea.
Se han acicalado.
Sie haben sich in Schale geworfen.

jaleo = *andalusischer Tanz, Fiesta*

El sombrero le quedó a la medida.
Der Hut passt ihm ausgezeichnet.

la gorra de beísbol volteando hacia atrás
la gorra de beísbol al revés
mit dem Schirm nach hinten getragene Baseballkappe

	garras	Klamotten (statt trapos)
**style*	**estaile***	Stil (statt estilo)
**in*	**Está in*.**	Das ist in*. (statt Está de moda.)
**out*	**Está aut*.**	Das ist out*. (statt Está pasado de moda.)
**blue jeans*	**bluyin***	Jeans (statt vaqueros)
	chichero	BH (Slang für el sostén, el sujetador)
**wonderbra*	**bottombra***	Wonderbra
**pantyhose*	**pántijo***	Strumpfhose (statt el panty)
**socks*	**socketines***	Socken (statt calcetines)
**bloomers*	**los blúmer***	Schlüpfer (statt bragas)
**overall*	**overoles***	Overall (statt el mono)
	naguas	Rock (statt la falda)
	calcetas	Strümpfe/Socken (statt las medias)
	calzones	Boxershorts (Unterwäsche) (statt calzoncillos)
**shorts*	**chor***	Shorts (statt pantalones cortos)
**pantsuit*	**pansu***	Hosenanzug (statt traje pantalón)
**smoking*	**esmoquin***	Smoking

pantalon abombachado
weite Hosen

Ponte unos tenis*.
Ponte unas zapatillas de tenis.
Zieh Tennisschuhe (*tennis (shoes)) an.

Llegó de pipa y guante.
Llegó relamido.
Er war geschniegelt und gebügelt.
(wörtl.: mit Pfeife und Handschuh)

Nichts hat so viel Furore gemacht wie der **zoot suit*,** der in den 1940er Jahren für eine ganz neue Subkultur von Jugendlichen stand, die sich nicht nur durch ihre Kleidung, **el zoot suit*,** sondern auch durch ihr neues Selbstbewusstsein auszeichnete. Der Typus, der all das in sich vereinte, hieß **pachuco:** Der taffe Dandy mit bleistiftdünnem Menjoubärtchen und zurückgekämmten, pomadisierten Haaren.

Auf Seite 92 sehen Sie ein Foto von diesem merkwürdig klingenden Kleidungsstück.

Ihre Nachfolger waren die auf Seite 37 vorgestellten **cholos** und **cholas** mit ihrem supercoolen Auftreten, ihren **tacas** (Tätowierungen) und ihren **tags*** (*Graffitis).

Carros y carruchas

Begriffe für den fahrbaren Untersatz sind Ableitungen von „Karre“ wie **carro, carrucho, carcacha, carreta, cucaracha,** von „aufpumpen“ wie **carrumfla** und **ranfla,** von „schieben“ wie **remple** oder schließlich **carrazo** (dickes (altes) Auto).

Carros y carruchas

Anglo-Witz: Warum sind die Lowrider so tief? Ganz einfach: Weil sie dann zum Salatpflücken nicht auszusteigen brauchen.

Integraler Bestandteil der Chicano-Kultur sind die **lowrider* carruchas:** Autos, deren Fahrgestell so niedrig ist, dass sie praktisch auf der Straße kleben. Wie die Hauswände sind sie häufig mit religiösen Motiven verziert.

Der Lastwagen ist ganz nach dem englischen *truck ein **troca***, statt des spanischen camión.

Im Gegensatz zu früher ist **hacer dedo** (Hitchhiking = per Anhalter fahren) nicht mehr angesagt, da praktisch jeder seine eigene Karre hat oder sich andersweitig arrangiert. Bus und Bahn werden im Westen und Südwesten der USA kaum als Verkehrsmittel genutzt.

In Spanien nennt sich die Versicherung hingegen seguro.

Necesitas unas aseguranza* para el automóvil.
Du brauchst eine Versicherung (*assurance) für das Auto.

Usamos la carta* en la <u>gas station</u>.**
Tomamos la tarjeta de crédito en la gasolinera.
Wir nehmen die Kreditkarte* an der Tankstelle**.

**drive*

arrear	fahren (Vieh treiben)
arreador	Fahrer (Viehtreiber)
draivear*	fahren (statt conducir)
pilotear	(Rennen) fahren (statt pilotar)

fixear*	in Ordnung bringen (statt arreglar)	*to fix
rentar* fierros	Werkzeug verleihen (st. alquilar herramientas)	*to rent
requear*/recar*	zu Schrott fahren	*to wreck
gas*	Benzin/Super (statt gasolina)	*gas
el fénder*	Kotflügel (statt guardafango)	*fender
winshiwaipers*	Scheibenwischer (statt limpiaparabrisas)	*windshield wipers
parquear*	parken (statt estacionar)	*to park
el parqueo*	Parkgarage (statt aparcamiento)	*parking
yuta*	Kehrtwendung (statt media vuelta)	*U-turn
un atajo	eine Abkürzung	

Tengo que llenar el tanque*.
Tengo que llenar el depósito.
Ich muss den Tank* auffüllen.

Mi broda* me dió su ranfla.
Mi hermano me dió su coche.
Mein Bruder (*brother) gab mir seine Karre.

El motor del remple está caliente.
Der Motor der Kiste ist heiß.

Ea chocó/requeó* mi ranfla.
Ella destrozó mi coche.
Sie hat mein Auto zu Schrott gefahren (*to wreck).

Tu carreta yo no sopla.
Deine Karre fällt auseinander. (wörtl.: deine Karre gibt keinen Hauch mehr von sich)

Sabe componer carros.
Sabe reparar coches.
Er kann Autos reparieren.

Tengo dos flets*.
Se me pincharon dos llantas.
Ich hab zwei Platten (*flats).

Tengo que pompearla*.
Tengo que inflarla.
Ich muss den Reifen aufpumpen (*pump).

In Spanien empujar *statt* ***puchar.***

Tenemos que puchar.
Wir müssen schieben (*to push).

Podrías startear* el carro?
¿Podrías arrancar el coche?
Könntest du bitte das Auto starten (*to start)?

Anda el motor!
Arranca!
Lass den Motor an!

In Spanien frenos *statt* ***brecas*.***

Esas brecas* no valen nada.
Diese Bremsen (*brakes) taugen nichts.

El parkeadero está lleno.
El aparcamiento, está lleno.
Der Parkplatz ist voll.

La troca* cuesta más taxes.**
Los impuestos son más elevados en el camión.
Der LKW (*truck) kostet mehr Steuern (**taxes).

Klassische Ausrede:

<u>I found myself amid</u>* una combustión de tráfico.
Me encontré dentro de un atasco.
Ich steckte in einem Stau.

Machos y Marias

Beinahe jeder Name wird entweder verkürzt oder verballhornt. Eine Auswahl für Frauen: **Chela** (Graciela/Celia), **Chola/Chole** (Soledad), **Fela** (Felicitas), **Fina/Pepa** (Josephine), **Flore** (Florinda), **Mine** (Hermine), **Nela** (Manuela), **Quela** (Ángela/Micaela), **Tita** (Jesusita), **Tere** (Teresa), **Veva** (Genoveva) und **Yoli** (Yolanda).

Eine Auswahl an Männernamen: **Chelo** (Consuelo), **Chema** (José María), **Chencho/ Chencha** (Crescenico/Crescencia), **Chente** (Vicente/Vicenta), **Ferni** (Fernando), **Fito** (Adolfo), **Milo** (Emilio), **Mingo** (Domingo), **Nacho** (Ignacio), **Nelo** (Manuel), **Neto** (Ernesto), **Pepe** (José), **Quique** (Enrique), **Yayo** (Eduardo) und **Yoche** (George).

Sind Typen unter sich, gebrauchen sie folgende Anreden:

	Eit! Éitale!	Heh, du! (statt ¡Eh! ¡Hola!)
	Ese, compa!	Heh, Mann! (statt ¡Hola chaval!
**brother*	**bro(der)***	Bruder/Kumpel (statt colega)
	mano/manito	Bruder/Kumpel (von hermano abgeleitet)
	compa	Alter
	cama(rada)	Partner
	bato/vato	Kumpel
**guy*	**güe*/güey***	Mann
	<u>Speak güey</u>*!	Spuck's aus, Mann! (statt ¡Escupe!)
	Órale, cabrón!	Heh, du Arsch! (statt ¡Eh, cabrón!
	carnalismo	Chicano-Brotherhood

Machos

Chicanos gelten generell als Machos, die an einem Casanova-Komplex leiden. Diesem Image entsprechen:

tofudo*	tougher, aggressiver Typ (statt buscabroncas)
cuete	ein Kerl (statt coleguilla)
el gran chingón	der große Boss (statt el jefazo)
super chingón	Supertyp
maniaco	irrer, sexbessener Typ (statt maniaco)
luchista	Macker (statt gacho)
mujeriego	Weiberheld
playboy*	Playboy* (statt donjuán)
matón	Ladykiller
viejero	Schürzenjäger (statt golfo)
culero	einer, der nichts anbrennen lässt (statt lobo)

**tough*

Es un barral/cauboi*.
Es un cachas/vaquero.
Er ist ein Muskelprotz/Cowboy*.

Außerdem nennt man mexikanische Cowboys auch **caburoos** *und* **charros,** *siehe Seite 24.*

Siempre están bastardiando/chichando.
Siempre están follando.
Ständig huren sie herum.

amores perros
= verdammte Liebschaften

Está sancheando a su ruca.
Se la da a su mujer.
Er betrügt seine Alte.

Wenn er es gut zu vertuschen weiß, ist es ein **santucho,** ein Scheinheiliger, den man in Spanien santurrón nennt. Manchmal ist aber auch das Gegenteil der Fall, dann haben wir es mit einem Heiligen zu tun:

Es un santo asoluto.
Er ist ein wahrer Heiliger.

Tiene cora.
Tiene buen corazón.
Er hat Herz.

Nunca va al congal.
Nunca va la puticlub.
Er geht nie ins Bordell.

Es muy queredón/-a. (statt pegajoso/-a)
Er/sie ist sehr anhänglich.

**bachelor*

bachelor*	Junggeselle (statt solterón)
aparte	Einzelgänger (statt solitario)
sopilote	geiler alter Bock (statt viejo verde)
josco	„bad boy" (statt pillo)

Los prietos prefieren a las güeras.
Los morenos prefieren a las rubias.
Dunkle Typen bevorzugen Blondinen.

Machos sind auf keinen Fall schwul und die folgenden Ausdrücke sollte man besser nicht im Zusammenhang mit ihnen benutzen: **puto, piruco, pirujo, pirano** (männliche Hure), **pirul** (Wirbel) und **chiruco** (Piepser). Ganz poetisch sind auch: **mariposa** (Schmetterling), **flor** (Blüte), **fruta*** (Frucht, nach engl. *fruit) und **pájaro** (Vogel). Im Spanischen sind es: maricones (Marias), sarasas (nach dem Dorf Sarasa in Navarra, dessen Verwaltung aufgesplittet ist) etc. Jedenfalls sind die Ausdrücke sehr unterschiedlich.

Muchos chirucos va a esa cantina.
Der Club wird von vielen Homos frequentiert.

culero	Arschficker
gay*	Homo (von engl. *gay)
cuina*	Homo (von engl. *queen)
fifí	Stricher (statt mariquita)
pato de agua	Schwuler (Hasenfuß)
joto/jotingo	Tunte
ser de dulce	schwul sein
chupón	Slang: Homo
volteado/ cambeado	Slang: andersrum

Ein ***culero*** *kann aber auch ein Weiberheld sein, denn* ***el culo*** *bedeutet auch Möse.*

Marías

Es el puro chasís.
Estar en el chasís.
Sie ist nur Haut und Knochen.

Es una ballena.
Es una foca.
Sie ist ein Wal.

Es muy picosa.
Es una tigresa.
Sie ist sehr scharf.

Is she an Anglo girl* o Latina?
Ist sie eine Anglo-Braut oder eine Latina?

*chick	**chick***	gutaussehende Frau (statt tía buena)
	chata	eine Kurze (statt mona)
	Mi chata!	Meine Süße!
	chapetuda	ein heißes Gestell
	calota	tolle Braut
	cajetuda	sexy (statt sexi)
	chichona	vollbusig (statt tetona)
	cueraza/cuerota	super attraktive Frau
	chapete	heiße Nummer (statt tigresa/pantera)
	aflojadora	sehr freizügige Frau (statt fresca)
	flaquita	eine Dünne (statt flaca)
	bestia	Übersinnliche (statt buscona)
*bambi	**bambi***	Unschuldslamm (statt mosquita muerta)
	güerita	Blondine (statt rubia)
	morena	Dunkelhaarige
	cucaracha	Spitzname für eine dunkelhäutige Frau
	café con leche	milchkaffeefarben (statt mulata)
*baby/babe	**beibi***	Baby (statt niña)
	muñeca	Puppe
	matona	Teufelsweib
	jovencita	junges Mädchen
	chavala/-ita	Kleine
	culera/ choteada	eine, die nichts anbrennen lässt (statt loba)
*princess	**una pocha princess***	verwöhnte Texmex-Puppe*

Qué cuera está esa jaina!
¡Una nina pija!
Ein echtes Prachtstück, die Süße!

Fina es mi beibi*.
Fina es mi niñita.
Fina ist mein Babe*.

Ojalá que no sea gorila la chava!
¡Ojalá que no sea horrenda la muchacha!
Hoffentlich ist das Mädel nicht so hässlich!

Ea está como la jodida.
Es una metemiedo.
Sie ist hässlich wie die Nacht.

Ea es una sinvergüenza.
Sie ist niederträchtig/schamlos.

Es muy chucha.
Es muy mala.
Sie ist eine Ratte. (wörtl.: Hündin/Ratte)

Po, Busen und Beine sind die am häufigsten kommentierten Körperteile:

chiches	Titten (auch: peras, tetas)
chichona	vollbusig (statt tetona)
culo(te)	der weibliche Hintern
dona*	Hinterteil
nalgas	Pobacken
nalgón/-a	prächtig (Arsch)
patas	Beine (Füße)

*dougnut

Als Letztes gibt es dann noch die Hure oder das Flittchen, für das es vielfältige Namen gibt: **pira/piruja** (Hure; statt tortillera), **pluma** (Feder; statt putilla), **fichera** (Hure; abgeleitet von „Geld“; statt puta), **andadora** (Stricherin), **josla*** (Stricherin; statt zorra), **cuica** (Vogel), **fodonga** (Prostituierte), **rana** (Frosch) und **cualquiera** (Nutte). Lesben nennt man hingegen auch noch **lesbiana** (Lesbe), **jota** und **jotinga** (nach einem Tanz).

**hustler*

cuera	Verlobte, Freundin (statt novia)
jugada	Playgirl (statt juguetona)
un cojín	Luder (statt una sinvergüenza)

Juegos de seducción y flirteo

Ein Flirt ist ein Flirt – auf Deutsch, Englisch und Spanisch; auf Spanglish kann es auch ein **flirteo** sein.

flirtear	flirten
fletera/carita	Frau, die gern flirtet (statt ligue)

Déjame expresar mis fílins*.
Déjame decir lo que siento.
Lass mich meine Gefühle (*feelings) ausdrücken.

Dame quebrada*!
¡Dame un respiro!
Verschon mich! (*give me a break)

Tengo una dátil*!
¡Tengo una cita!
Ich hab ein Date*.

Consígueme un deit* con esa beibi.**
Consígueme una cita con es niñita.
Verschaff mir ein Date* mit dem Babe**.

Es caliente.
Tiene carácter.
Er/Sie ist temperamentvoll.

Está caliente.
Er/Sie ist scharf/heiß.

Ella tiene calentura por él.
Sie ist scharf auf ihn.

Estoy pelotas con ea.
Estoy colao con ella.
Ich bin in sie verknallt.

El está canicas sobre ella.
Está loco por ella.
Er ist verrrückt nach ihr.

Tuvo un deit* con él.
Se ha quedado con él.
Sie hatte sich mit ihm verabredet (*date).

wörtl.: sei kein Bambi **No seas bambi*!**
¡No seas tan niñita!
Hab dich mal nicht so!

No seas pushy*!
¡No avasalles!
Geh mal nicht so ran!

Tienes una pinta de buscanovia.
Tienes pinta de buscona.
Du scheinst auf Männerfang zu sein.

Ay cosotas, ven para acá!
Hallo Süße, komm mal rüber!

<u>It's no fun living</u>* sola.
Es un coñazo estar sola.
Es macht keinen Spaß, allein herumzueiern.

Amor de lejos, amor de pendejos!
Liebe aus der Ferne, Liebe der Dummköpfe.

Está empelotada con la hija de María.
Está colada por la hija de María.
Er ist in die Tochter von Maria verknallt.

Qué carita eres!
¡Qué ligona eres!
Du bist ja ständig dabei!

Eres muy sexi.
Du bist sehr sexy.

Qué quiute* eres!
¡Qué dulce eres!
Wie süß (*cute) du bist!

No me chocholoques!
¡No me chochees!
Schmeichle mir nicht!

Es muy choteado.
No deja pasar una.
Er lässt nichts anbrennen.

Ay, beibi*, tú con tantas curvas y yo sin frenos.
Oh Baby*, du hast so viele Kurven, und ich hab keine Bremsen.

What's the plan*, chica?
Qué quieres hacer, chica?
Wie sieht's aus, Süße?

Whatever you want*, güerita.
Como quieras, mi rubia.
Ganz wie du willst, meine Blonde.

Me encanta tu outfit*.
Estás monísima.
Ein tolles Outfit*!

Te llamo para atrás*.
Te devolveré la llamada.
Ich ruf dich zurück (*call back).

Zur Anrede der Liebsten verwendet man **jaina*** (Süße; *honey), **sweetheart*** (*Liebste), **novia** (Verlobte/Freundin), **torta** (Torte), **chava** (Kleine), **chuca** (von El Paso), **chiflas** (verrückt), **mi locota** (meine Irre) etc.

estar en su fuerza *= voll im Gang sein*

Su amor estaba en su fuerza entonces.
Damals war er noch voll verliebt.

<u>I lof you with all my</u>* corazón!
Te quiero con todo mi corazón.
Ich liebe (*love) dich von ganzem Herzen.

Wer das sagt, gehört schon zur dritten Chicano-Generation, denn, wie man sieht, viel Spanisch ist nicht übrig geblieben.

Komplimente von weiblicher Seite können beginnen mit **Es muy ...** (Er ist sehr ...):

cabroncito	toll (statt macho)
en bisnes	gut in Form (statt en forma)
sexudo	sexy (statt atractivo)
smarte*	(super-)smart (statt mono)
calote	prima
suave	klasse (wörtl.: glatt)
tírili	cool (wörtl.: großer Wurf)

Está cabrón!
¡Está super!
Das ist ja irre!

Estoy abombada!
¡Estoy atontada!
Ich bin überwältigt!

Es un bato cora.
Es muy atlético.
Er ist gut gebaut!

un chamacón	gutaussehender Typ
pasito	hübscher Kerl (statt guapo/salado)

chamacón = *Vergrößerung von* ***chamaco:*** *Junge*

Abfuhr

No bacfid.*	kein Backfeed (statt no hay respuesta)
Mala chansa*!	Pech! (statt ¡Mala suerte!)
Qué te pica?	Was passt dir nicht? (statt ¿Qué te pica?)
Está borderlain*.	Er ist nicht ganz dicht. (statt Esta „pirao“.)

**no backfeed = feedback*

**chance*

**borderline*

Este bato me cayó como la patada!
¡Este me ha puesto de los nervios!
Der Kerl ging mir auf den Wecker!

In Spanien este borde *statt* ***el antipático ese.***

No tengo ganas de hablar con el antipático ese.
Ich habe keine Lust mit diesem Widerling zu reden.

In Spanien un chulo como ese *statt* ***un blaf* como ese.***

Como pudiste enamorarte de un blaf* como ese?
Wie konntest du dich nur in einen solchen Angeber (*bluff) verlieben?

Tiene carátula de soker*.
Es un paleto.
Er sieht wie ein Trottel (*sucker) aus.

No es muy afeccionado*.
No es muy cariñoso.
Er ist nicht sehr zärtlich (*affectionate).

Es un dejón.
Es un blandengue.
Er ist ein Schlappschwanz.

Ese tipo me choca.
Ese tipo me da asco.
Ich finde diesen Kerl grässlich.

Ya ni chingas!
De qué vas!
Mann, du bist echt schräg drauf!

Stop being a* berrego!
¡No seas pesado!
Sei nicht so lästig!

No necesito ese pipilo!
¡Este tipo no merece la pena!
Diese Tunte kann mir gestohlen bleiben.

Pa' qué hablaste con ese puto?
¿Porqué hablaste con ese imbécil?
Was gab's denn mit dem Deppen zu bereden?

Intimidades y lo demás

Wie intim ist intim? Das muss jeder selbst entscheiden bei der Wahl seiner Worte. Die Auswahl ist jedenfalls groß.

Eigenhändig

hacerse la manuela	es sich selbst besorgen (statt hacerse una paja)
puñetear	sich einen runterholen (wörtl.: die Hand zur Faust machen)
hacerse la puñeta	wichsen (statt hacerse una paja)
jaleársela	onanieren
casquetear	masturbieren (statt cascarsela)

manuela *ist ein Wortspiel mit* la mano *= die Hand*

Vorspiel und Sex

Ein „Fummler“ ist entsprechend ein **manoseador.**

Den „Hurenbock“ beschimpft man entsprechend als **cachero** *oder aber* **cogedor** *(statt* follador/cabrón*).*

Und das **cogedero** *ist ein Bordell statt in Spanien ein* casa de putas *oder* puticlub.

manosear	fummeln
petting*	Petting*
meter mano	Hand anlegen (Vagina)
cachar	„bei ‘n Hörnern nehmen“
chingar	vögeln (statt joder)
coger	„nehmen“
cogedera	Orgie (statt orgía)
parchar	„flicken“
clavar	“nageln“
ponchar	„löchern“
rosquiar	„Möse bearbeiten“ (von **rosca:** Möse)
quitar* la linda	entjungfern (statt desflorar; **to quit*)
camatear	ins Bett gehen (von cama: Bett; statt ir a la cama)
echar un palo/ palito	eine Nummer schieben
encaramar	besteigen (st. encarmarse)
chichear	herumhuren, ins Bett gehen (statt putear)
culear	vögeln/ficken
picoso/-a	gut im Bett (statt bueno en la cama)
comer el chorizo	Schwanz lutschen, (wörtl.: die Wurst essen, statt chuparla)

Ein Sprichwort: **Cuídate, no te vaya a picar la víbora.**
Pass auf, dass du nicht deine Unschuld verlierst. (...dass dich die Schlange nicht beißt)

Cogí a aquella jaina.
Ich hab mir diese Tussi vorgeknöpft.

le dió su buena cogida.
Er hat's ihr besorgt.

Quisó parchar a esa cuerota.
Quisó joderse a esa pantera.
Er wollte mit dem Prachtweib ins Bett.

Besonders hilfreich bei alledem: **goma** *(Gummi),* **condón** *(Kondom) und* ***perservativo*** *(Präservativ).*

Él no se enchufa con esa bruta.
Él no se moja con esa.
Er treibt es nicht mit dieser hässlichen Tussi.

Ya chingó.
Ya jodió.
Er hat einen Treffer gelandet.

No le importa con quien chichea.
Es ist ihm völig egal mit wem er ins Bett geht.

Reipearon* a la chava?
¿Violaron a la chica?
Haben sie das Mädchen vergewaltigt (*to rape)?

Dale en los aguacates.
Dale en los huevos.
Kick ihn in die Eier!

Nun aber mehr zu den ganz konkreten Geschlechtsteilen:

El sexo masculino

Will man die Ausstattung des Mannes beschreiben, hört sich das so an: **palo** (erigierter Penis; wörtl.: Pfahl), **chorizo** (Chorizo-Wurst; statt rabo/polla), **panocha** („Maiskolben"; statt panoja) oder **garrote** (Riesenteil). Hinzu kommen dann noch **cojónes/huevos** (Eier), **blanquillos** („die kleinen Weißen"; statt testículos), **bolas** (Kugeln), **pelotas** (Bälle), **talega** (Sack) oder **aguacates** („Avocados").

ser de buenos cojones *= nicht von schlechtern Eltern sein (statt im Spanischen* viene de buena casa*)*

estar en pelotas *oder* ***estar en bolas*** *= splitternackt sein*

chiludo	gut bestückt (statt está bien dotado)
traerla duro	einen Steifen haben (statt la tiene dura)
ponerla duro	einen Steifen kriegen (statt ponerla dura)

Tiene dulces de toro.
Tiene huevazos.
Er hat die reinsten Stierhoden.

El sexo feminino

Reden wir von der Frau, gibt es **chucha** (kleines Boot; statt chocho), **crica** (Ritze; statt agujero), **cueva** (Höhle), **coño** (Fotze), **culo** (Loch) oder **cosa** (Ding). Manchmal müssen auch Fauna und Flora herhalten: **chocha** (Schnepfe; statt chocho), **gusano** (Raupe), **chango** (Klammeraffe), **pájara** (Vogel), **puzy***

(Pussy*), **gatito** (kleine Katze), **tortuga** (Schildkröte), **chayote** (Chayotefrucht), **pepa** (Kern = Klitoris) oder **papaya** (Papaya). Auch Essbares ist beliebt: **bizcocho** (Biskuit), **galleta** (Keks), **empanada** (Pastete), **tocino** (Speck) ...

Estoy mala.
Ich hab meine Periode.

Culto al cuerpo y al espiritú

Mit Chicano-Künstlern werden oft Wandmalereien im Barrio, Protest-Lyrik, Neon-Altäre für Frida Kahlo und die Virgen de la Guadelupe, Texmex-Musik und Low-riders assoziiert. Integrieren sie sich jedoch in die amerikanische Kultur, heißt es, sie hätten ihre Identität verloren.

cho*/sho*	Aufführung, Ausstellung, Kinovorstellung
shoubísnes*	Showbusiness*
una flica*	Kino(streifen), Drive-in
la vista	Film (statt pelicula)
casita de los tíquetes	Kasse (statt taquilla)
actor/actora	Schauspieler(in) (statt actor, actriz)
(tele)novelas	Telenovelas, Seifenopern
gringo TV	amerikanisches Fernsehen

**show*

**flick*

Im **teatro chicano** wird häufig der Kulturschock thematisiert, der aus dem Aufeinandertreffen von Anglos und Latinos resultiert. **El cine chicano** hat schon längst Hollywood erobert.

Weniger bekannt ist, dass selbst Walt Disney ein Latino war: Er war der Sohn eines spanischen Arztes und seiner Geliebten und hieß José Luis, bevor ihn Elias und Flor Disney in Chicago adoptierten.

Rita Hayworth, wurde als Margarita Carmen Cansino in New York geboren.

Berühmt wurde Nilo Cruz mit seinem Stück „Anna in the Tropics", das den Pulitzer Preis bekam. Ein weiterer Vertreter des ***teatro chicano*** *ist Carlos Morton mit Stücken wie „Rancho Hollywood".*

películas gringas y el cine chicano
Gringo und Chicano Kino

Quiero ver el nuevo filme* de ...
Quiero ver la nueva película de ...
Ich möchte den neuen Film* von ... sehen.

watchar las movies*
ver/mirar las películas
Filme* anschauen

Anoche fuímos a las vistas. (statt al cine)
Gestern Abend gingen wir ins Kino.

Vamos al cho*! (statt al cine)
Gehen wir in die Vorstellung (*show)!

Tienes un ticket*? (statt un boleto)
Hast du eine Karte (*ticket)?

Vas pal para el mono conmigo?
¿Me acompañas al cine?
Kommst du mit ins Kino?

Los boletos se compran en la box*.
Los boletos se compran en el estanco.
Tickets gibt's an der Kasse (*box-office).

Es una star*. (statt estrella)
Sie ist ein Star*.

Está en una performance*.
Está en un espéctaculo.
Sie tritt in einer Aufführung auf.

Está en el staig* en Broadway.
Es artista en Broadway.
Sie tritt (*stage) am Broadway auf.

Ea es una vistera. (statt una cinéfila)
Sie ist ein Filmfan.

Estoy viendo una movie* con el ver.
Estoy veindo una pelicula en el video.
Ich schau mir gerade einen Film* auf Video an.

Am bekanntesten in Deutschland sind die Romane von Dagoberto Gilb und die Chicano-Krimis von Rudolfo Anaya (Zia Summer, Rio Grande Fall). In allen tritt der in Albuquerque lebende Privatdetektiv Sonny Baca auf.

Musik

Chicano- oder Latino- oder Spanglish-Rap, dazu gehören Gruppen wie Kid Frost, Mellow Man, Ace oder Latin Empire. 1999 setzte sich Latin Pop im amerikanischen Mainstream durch nach Erfolgen von Ricky Martin, Jennifer Lopez und Marc Anthony. Letzterer ist bekannt für sein ***Boricua vibe,*** *puertoricanische Vibes.*

Latinos haben sich vor allem in zwei Bereichen durchgesetzt: im kulinarischen und musikalischen, und jeder Taxifahrer, egal welcher Herkunft, versteht inzwischen ihre Songtexte.

Im Süden von Texas hört man immer und überall **tejano** und seine Varianten **conjunto, norteño** und **Texmex,** eine dreisprachige Musik, mit englischen und spanischen und spanglischen Texten. **Voy a cantarles un corrido** (ich sing euch eine Ballade), so beginnen **Los Tigres del Norte** ihre **corridos,** gesungene Balladen, in denen von **pobres campesinos, braceros** (armen Landarbeitern und Hilfsarbeitern) und **grandes hacendados** (reichen Ranchern), **güeros sin compasión** (Blonden ohne Mitleid) und **rinches asesinos** (mörderischen Texas Rangers) die Rede ist.

songa*	*Song
mariachis	trad. Hochzeitssänger, wahrscheinlich abgeleitet von frz. „mariage“
salsa	Salsa (in den 1970ern jedoch noch das Wort für eine Soße unterschiedlicher Zutaten)
la salsa caribeña	karibische Salsa
música ranchera	Country-/Western-Musik

Sport

esporte*/spor*	Sport (statt deporte)	*sport
sporsman*	Sportler (statt deportistas)	*sportsmen
Gol*!!!	Tor!!!	*goal
béisbol	Baseball	
béisbolista	Beisballspieler	
boxeador	Boxer	
noquear*	k.o. schlagen	*to knock out
nocaut*	Knock-out*	
baiquer*	Biker*, Motorradfahrer	
jugar golf	Golf spielen	
ciclin*	Rad fahren	*bicycling
practicar el baloncesto	Basketball spielen	
boulin*	Bowling*	
sporwer*	Sportkleidung	*sportswear
sportin*	Sportausrüstung	*sporting equipment
yoguear*	joggen	*to jog

A tí te gustan los esportes*?
¿A tí te gustan los deportes?
Magst du Sport?

Soy aficonados al spor*.
Ich bin ein Sportfan.

Soy aficionado al fútbol.
Ich bin ein Fußballfan.

Chuta* un golazo.**
Er schießt (*shoot) ein Supertor (**goal).

Literatur- & Surftipps

Wer auf den Geschmack gekommen ist und noch mehr Chicano-Spanglish entdecken möchte, dem seien zunächst diese drei Wörterbuch-Klassiker empfohlen:

DVD-Tipp: **Spanglish** *(2004) – eine etwas abgedroschene Komödie über eine scharfe Latina-Hausangestellte und die ihr ausgelieferte Anglo-Hausherrin.*

- **Spanglish – The Making of a New American Language,** Ilan Stanvans, Harper Collins, 2003
- **The Dictionary of Chicano Spanish – El Diccionario del Español Chicano,** Robert A. Galván, R. V. Techner, The National Textbook Company, Chicago 1996
- **Caló Orbis – Semiotic Aspects of a Chicano Language Variety,** Adolfo Ortega, Peter Lang American University Studies, 1991
- **The Official Spanglish Dictionary,** Bill Cruz, Simon and Schuster – *eine witzige Sammlung, die man gelesen haben muss*
- **A Run for the border: Recipes and Tales from a Tex-Mex Chef,** Matt Martinez – *Kochbuch des berühmten Texmex Küchenchefs*

The Chicano Interneta

Für eine Fülle an Links sucht man am besten im Internet unter den Stichwörtern „Chicano“, „Spanglish“ oder „Latinos USA“. Das meiste ist allerdings auf Englisch oder Spanisch. Gute Adressen sind:

- **www.spanishclassonline.com**
– für den Online-Unterricht
- **www.chicano.clara.net**
– die „offizielle" Chicano-Website
- **omni.ucsb.edu/ccs**
– Center for Chicano Studies der University of California, Santa Barbara
- **http://hercules.us.es**
– Cyberspanglish Wörterbuch, Projekt der University of Texas, Austin
- **www.uta.fi/FAST/us8/SPAN**
– kurze Spanglish Biografie von Garland D. Bills von der University of New Mexico, Albuquerque
- **http://members.tripod.com**
– für weiteres Spanglish Vokabular
- **www.elalmanaque.com**
– für den, der sein Spanglish testen möchte
- **www.ucomics/laloakcaraz**
– für Latino Cartoons

Praxis – die neuen handlichen Ratgeber

Wer in die Ferne schweift und seine Freizeit aktiv verbringt, braucht spezielle Informationen und Wissen, das in keiner Schule gelehrt wird. Die Themenpalette der **Praxis**-Reihe reicht von „Wildnis-Ausrüstung“ über „Kartenlesen“ bis hin zum „Schutz vor Naturkatastrophen“. Darin geben praxiserfahrene Autoren ihr Wissen aus eigenem Erleben wieder und würzen ihre Texte mit unterhaltsamen und teilweise kuriosen Anekdoten.

Kanu-Handbuch
ISBN 3-89416-752-1

Wildnis-Ausrüstung
ISBN 3-89416-750-5

Wildnis-Küche
ISBN 3-89416-751-3

Fliegen ohne Angst
ISBN 3-89416-754-8

Orientierung mit Kompass/GPS
ISBN 3-89416-755-6

Richtig Kartenlesen
ISBN 3-89416-753-X

Dschungelwandern
ISBN 3-89416-759-9

Tauchen / warme Gewässer
ISBN 3-89416-760-2

Sicherheit im/auf dem Meer
ISBN 3-89416-758-0

Survival Naturkatastrophen
ISBN 3-89416-757-2

Gewalt/Kriminalität unterwegs
ISBN 3-89416-756-4

**Reise Know-How Verlag,
Bielefeld**

Praxis – die neuen handlichen Ratgeber

Reise Know-How

Reiseführer für die Staaten

Die Reiseführer von **REISE KNOW-HOW** bieten alles, was derjenige braucht, der selbstständig unterwegs ist: Hintergrund-Infos, Routen und Touren, Preise für Übernachtung, Essen, Transport und Besichtigung, Ausrüstung, Natur und Kultur. Komplett, für jeden Geldbeutel, praktisch!

New Orleans und Umgebung
288 Seiten
Karten, Fotos, Infos
ISBN 3-8317-1365-0

New York City
336 Seiten
Nützliche Tipps,
Karten, Fotos, Infos
ISBN 3-8317-1256-5

San Francisco und Umgebung
408 Seiten
Karten, Fotos, Infos
ISBN 3-8317-1032-5

Das USA / Canada BikeBuch
640 Seiten
Karten, Fotos, Infos
ISBN 3-89662-389-3

KulturSchock USA
Seiten
viele Fotos und Zeichnungen
ISBN 3-8317-1292-1

REISE KNOW-HOW Verlag, Bielefeld

Register

I*n diesem Register sind alle wichtigen Schlüsselwörter aus den chicano-spanglishen Sätzen und Wörterlisten des Buches aufgeführt. Wörter mit englischem Ursprung sind wie im ganzen Buch mit einem * gekennzeichnet.*

A

B

D

K

L

M

N

O

Q

R

S

T

Mehr vom Reise Know-How Verlag

Kauderwelsch Sprechführer

Weltsprache Englisch

Englisch
ISBN 3-89416-484-0

British Slang
ISBN 3-89416-037-3

Amerikan./Britisch?
ISBN 3-89416-577-4

Amerikanisch
ISBN 3-89416-512-X

American Slang
ISBN 3-89416-043-8

More American Sl.
ISBN 3-89416-257-0

Canadian Slang
ISBN 3-89416-307-0

Engl. f. Australien
ISBN 3-89416-557-X

Australian Slang
ISBN 3-89416-041-1

Neuseeland Slang
ISBN 3-89416-506-5

Pidgin-English
ISBN 3-89416-089-6

Englisch für Indien
ISBN 3-89416-573-1

REISE KNOW-HOW Verlag, Bielefeld

Kauderwelsch Sprechführer

Weltsprache Spanisch

Spanisch
ISBN 3-89416-480-8

... für Lateinamerika
ISBN 3-89416-029-2

... für Argentinien
ISBN 3-89416-275-9

... für Cuba
ISBN 3-89416-323-2

... für Costa Rica
ISBN 3-89416-315-1

... für Chile
ISBN 3-89416-296-1

... für Ecuador
ISBN 3-89416-297-X

... für Venezuela
ISBN 3-89416-276-7

... für Panama
ISBN 3-89416-313-5

... für die Dom. Rep.
ISBN 3-89416-328-3

Spanisch Slang
ISBN 3-89416-247-3

Spanisch kulinarisch
ISBN 3-89416-562-6

REISE KNOW-HOW Verlag, Bielefeld

Die Autorin

Uta Goridis studierte Romanistik und vergleichende Sprachwissenschaften, beendete aber ihr Studium mit einem Übersetzerdiplom, Sprachen: Französisch, Spanisch und Englisch. Die Titelliste der von ihr übersetzten Bücher reicht von amerikanischen Feministinnen, französischen Krimiautoren bis zu kreolischen Schriftstellern, die in Deutschland leider noch weitgehend unbekannt sind. In diesem Zusammenhang entdeckte sie auch die in der Karibik und im Indischen Ozean gesprochenen Kreolsprachen und schrieb für die Kauderwelsch-Reihe einen Sprachführer für das Seychellen-Kreol.

Äußerst aufschlussreich war auch ein zweijähriges Stipendium an der Columbia University in New York, die sich unmittelbarer Nähe Harlems und des puertoricanischen Barrios befindet, wo gleich zwei Varianten der amerikanischen Hochsprache gesprochen werden, nämlich das schwarze und das puertoricanische Amerikanisch.